石窯のつくり方楽しみ方

おいしいアース・ライフへ

須藤 章・岡 佳子

農文協

石窯をつくろう!

レンガを積む本格的石窯(p.74参照)

石窯は、暖かく、力強く、優しくて、おいしい。だから家族の一人。写真は倉渕村・草の実酵房の「マシュウ窯」。名前は赤毛のアンの養父にちなんだ

台所でできるアース・オーブン

(p.48参照)

小石を熱くして二重にした鍋の隙間に詰めると「石窯」! 大地に穴を掘り、焼け石で料理する南太平洋のアース・オーブンを台所に再現

あなたはどのタイプの石窯?

お父さんがつくる石器時代の石窯

(p.44参照)

自分の手を頼りに、河原や山の石で窯をつくってみよう。石と炎が織りなす夜の饒舌、朝焼けの静謐が胸に染みるはず。これぞ元祖石窯

オシャレな庭に、ガーデニングオーブン

(p.50参照)

自慢の庭や菜園を、石窯でおいしく演出しませんか? てっぺんには植木鉢。炭を使うので煙も出ません。ひょうきんな姿は、たちまちみんなの人気者

これこそ石窯の醍醐味、パンを焼こう

田舎パン
(p.120参照)
１キロの生地を１時間以上じっくり焼きこむ。これぞ石窯の醍醐味

ミルクパンとシナモンロール
(p.124参照)
みんなで好きな形につくって、遊んで、焼いて、食べよう

石窯で広がるおいしさの世界

いつものお菓子をさらにおいしく

三日月ナッツ
(p.138参照)
ひと口サイズの元祖クロワッサン。小さいお菓子を石窯はさっと焼き上げる

焼きりんご
(p.144参照)
黒光りする鉄の扉を開けると、赤い夕焼け色のリンゴが出てくるのです

畑のパイ
(p.142参照)
季節の恵みを感じながら、焼きたてを頬張ると、何とも幸せな気持ちになります

りんごケーキ
(p.139あずきのケーキ参照)
やわらかな余熱でしっとり焼き上げるケーキも、石窯の大きな魅力

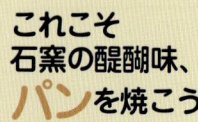

ローストチキン(p.148参照)
どうせだから、いっぺんに3羽も5羽も焼いてしまおう！　石窯だもの

みんなで楽しむ パーティ料理

びっくりエッグ
(p.149参照)
中世ヨーロッパの王侯貴族の饗宴を再現。中から出てくるのは、何？

ピザ(p.128参照)
皮はパリッ、チーズはトローリ。アツアツのおいしさに、お皿はすぐにからっぽ

秋の丸焼き
(p.144参照)
収穫した野菜をその場で料理してくれる石窯は、収穫祭の大黒柱

じっくり 煮込んで、蒸して、じんわり味を引き出す

ボウズ（モンゴル風蒸し餃子）（p.153参照）
粉と豚肉とたまねぎと塩だけで、このおいしさ

ほうとう（p.151参照）
石窯でひと晩煮こんだ味は、私たちの記憶のなかの、懐かしい団欒の風景

ポトフ（p.150参照）
同じ素材でも、石窯で仕込む鍋料理は、ほんとうに味が違うのです

酒種まんじゅう（p.154参照）
冬の朝に囲炉裏の灰から掻き出したあの味を石窯で

遠赤外線がおいしく 焙煎、乾燥

焼き栗（p.126参照）
栗のほかにも銀杏、クルミ…、森の祝福を香ばしく煎るのは、やみつきになりそう

ハーブ（p.156参照）
窯から少し離して余熱で乾燥。初秋の石窯はポプリに埋もれるよう

麦茶（p.157参照）
大麦や玄米、野草を焙煎して、自家製の健康飲料をつくろう

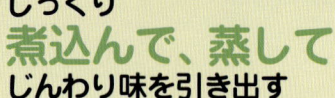

はじめに

どこか外国の、田舎道をぽっかり歩いてみよう。陽のあたる畑が母屋に寄り添うあたり、もっこりポツンと煙を吐いているのは、何であるか？　屋根にはぺんぺん草など生やしているが、高原の午睡を愉しむ賢者の悠然が漂う、あれは何か？

散歩のついでの度胸だめしと、あなたはつたないカタコトの挨拶で、ちょっと見せてくださいとジェスチャーで頼む。「どうぞどうぞ、ご遠慮なく」、腕の太い、頼もしそうなご亭主と、これまた胸も腰も隆々としたママンが案内してくれる。

そこに、石窯だ。

ご亭主が森で伐り倒し、斧で叩き割った薪を、石窯は紅炎をゆらめかせてたいらげてゆく。台所では、ママンが汗だらけでこねたパン生地が膨らんでいる。ご夫婦の逞しき姿は伊達《だて》ではないのだ、生きていくとはこういうことだとあなたは納得する。

やがて薪をたっぷり食べ尽くし、身体じゅうを熱くした石窯に、たっぷり精気のみなぎった、はちきれそうなパン生地が次々に滑り込んでゆく。

待つことひとときやがて焼きあがる褐色の祝福に溜め息をつき、気がつくと田園の隣人たちも集まっているではないか。「今日も、うまそうだナ」「この鴨も、焼いてちょうだい」「ボクは、こないだのケーキが食べたいヨ」。異国の言葉には疎いが、干草の匂いが立ちのぼる善男善女の会話は、おそらくこんな感じだろうか。

太陽の遍《あまね》く下、麦の穂は粉となり、森が茂って薪となり、人は泉を汲み、無限大の酵母菌が醗酵を司り、大地の塊（ひとくれ）をこねて窯となし、汗を添えてパンとなす。これ自然界の恵みの集大成、すなわち神の恩寵と知る。

いまこの瞬間、ささやかな真理を窮めたあなたの目の前に、さらに黄金色に脂をはじかせた鴨が香草の香りに包まれて石窯から滑り出てくる。もう満腹のはずなのに、シトラスのケーキが焼きあがれば、奇跡のようにあなたの手は伸びていく。

至福のひととき。そして、あなたは決意する。腕は細くとも、鋼の志で決意する。

「日本に帰ったら、石窯つくろう！」

石窯をつくりたい、という人が増えてきました。

石窯は、パン屋さんやピザ屋さんでおいしいオーブンとして注目されていますが、それだけではありません。石窯は、自然の恵みを心身の糧に変えてくれる、つまり生活そのものを豊かにおいしくしてくれる、素敵なパートナーなのです。

石窯は、変幻自在な友人です。都会や農村で思い思いの形の石窯がずっしりもっこりと増えていけば、これほど愉快なことはありません。そしてその周りで、大きな口を開けて「いただきます」を合唱しているであろう皆さんの、まだ見ぬ顔につい頬が緩むのです。

なお、本書の膨大なイラストと撮影のコーディネートは、大竹敦子さんの乾坤一擲の労作です。ありがとう。それから写真の木村しんさん、農文協編集部の皆さん。ありがとうございました。

須藤　章

目次

Part2● 気軽につくる石窯いろいろ 39

Part3● 本格的な石窯をつくる

Part4● おいしい笑顔が待っている石窯料理 111

石窯のある風景を訪ねて

コラム

●撮影　木村しん
●イラスト　大竹敦子

Part 1

石窯と暮らそう

石窯って、どんなもの？

遠赤外線だからおいしい

私には素敵なパートナーがいます。

普段は物静かなのですが、それでいて愛嬌があって、じつは身も心も熱くて、おいしい料理をさりげなく次から次へとつくってくれるのです。

たとえば、こんがりとピッツァを焼いてから、チキンを丸ごと五羽いっぺんにローストし、いっしょにスープをじっくり仕込んで、ついでにケーキを焼き、さらに一晩かけてライ麦パンをじっくり焼き上げるという具合です。

これは、私の結婚相手のことではありません。いや別に、結婚相手がこれほど素敵ではない、ということではなくて……ええと、つまり私のつくった石窯のことです。

私の石窯には、どこそこから輸入した○○社製のナニナニ、というような血統書はありません。そのへんの土と、石と、もらい物のレンガを材料にした、まったくのハンドメードです。それを電気やガスを使わず、薪や炭で熱くして、蓄えた熱で働いてもらうのです。シンプルな説明かもしれませんが、本当にこれだけなのです。

こうした石窯が、いま日本の各地で増えています。

ほとんどの石窯は、オーナー＝製作者です。それぞれ姿形も環境も違うけれど、みな愛されながらのびのびと働いて、おいしく豊かな生活を盛りつけてくれます。

身近な素材で、あなただけの石窯をつくろう

なぜ石窯の料理はおいしいのでしょうか?

そのポイントは「身体にいったん蓄えた熱を放射して料理する」という点にあります。熱くなった物体から放射される熱を輻射熱《ふくしゃねつ》といいます。波長が長いので、物質に吸い込まれると、相手の分子の熱運動を活発にして温度を上げる効果があります。

ゆえに、相手の懐深く入り込んで「芯から温める」という芸が達者なのです。

石窯のある暮らしが生む豊かさ

しかし「石窯がおいしい」といえるのは、科学的な説明もさることながら、やはり何より も自分でつくった窯で料理したという満足感や、炎のゆらめきや薪が小気味よくはぜる音を味わう時間も含めてのことです。

パンひとつ焼くのに、窯づくりから始めるという原点回帰。これは裏返しの贅沢です。自作の窯でつくった料理を口にしたときの満ち足りた幸福感。おおげさでなく、自分が森や大地や、世界とつながっている実感を得ることができます。

石窯で料理したものがおいしい、それは確かですが、それだけではない。石窯と暮らす生活そのものが豊かなのです。この本の原点は、ここにあると考えてください。

石窯は輻射熱で料理する

石窯のシステムを簡単に説明しましょう。

石窯は、じつに様々なバリエーションがあるのですが、とりあえず基本型として次のページの図を見てください。これは薪を燃やす部分で料理をするようになっています。

見学に来た方はたいてい「薪はどこで燃やすのですか？」と質問なさいます。「薪をここで燃やして、最後に灰を全部掻き出して、余熱（輻射熱）だけで焼くのですよ」と説明すると、やっとわかっていただけるようです。

扉もひとつだけ。それが入り口であり出口であります。

まず、はじめに焼き床で薪を燃やして窯を温めます。じっくり熱くなった頃合を見て、燃えきった灰を掻き出します。間髪を入れず床をモップで拭き、同じところに生地を入れるのです（このあたりのテクニックについてはＰａｒｔ２で詳しく述べます）。あとは窯の輻射熱で素材が焼かれるという仕組みです。

くどいようですが、炎はあくまでも石窯を熱するときだけで、実際に料理するのは、石から出る輻射熱だけです（左図参照）。

基本の石窯

〈正面図〉

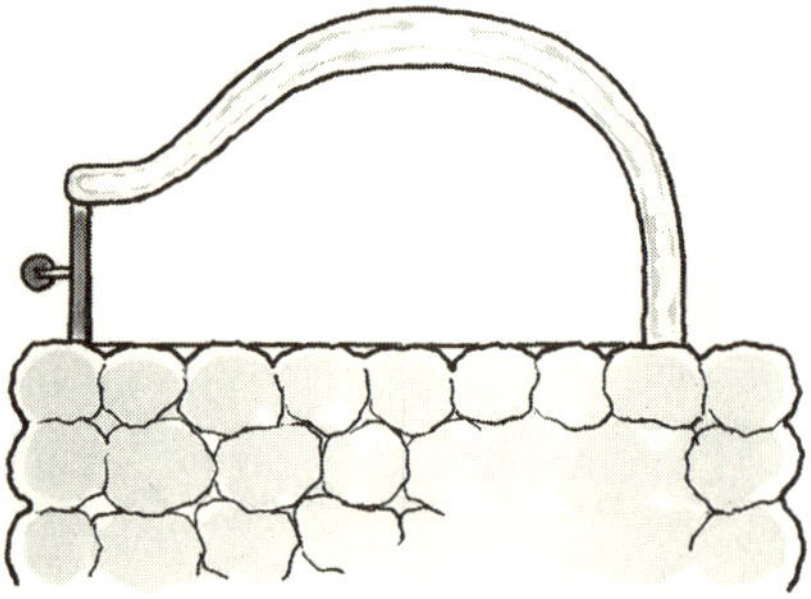

〈横から見た図〉

じつに簡単でしょう？　はじめて石窯をつくったときも、いったいこんなに単純で、ほんとうにパンが焼けるのかいな？　と半信半疑でレンガを積んだものでした。

そのぶん、はじめて石窯でパンが焼けたときの嬉しさ、驚きといったら……。見学させていただいた石窯パン屋さんたちに電話をかけまくって「焼けましたわ、焼けましたわ、ホントーに焼けましたー！」と泡吹き蟹になって連呼してしまいました。

数千万円の業務用のオーブンでも味わえない充実感。そして石窯という深い世界に魅かれていく第一歩だったのです。

石窯の仕組み

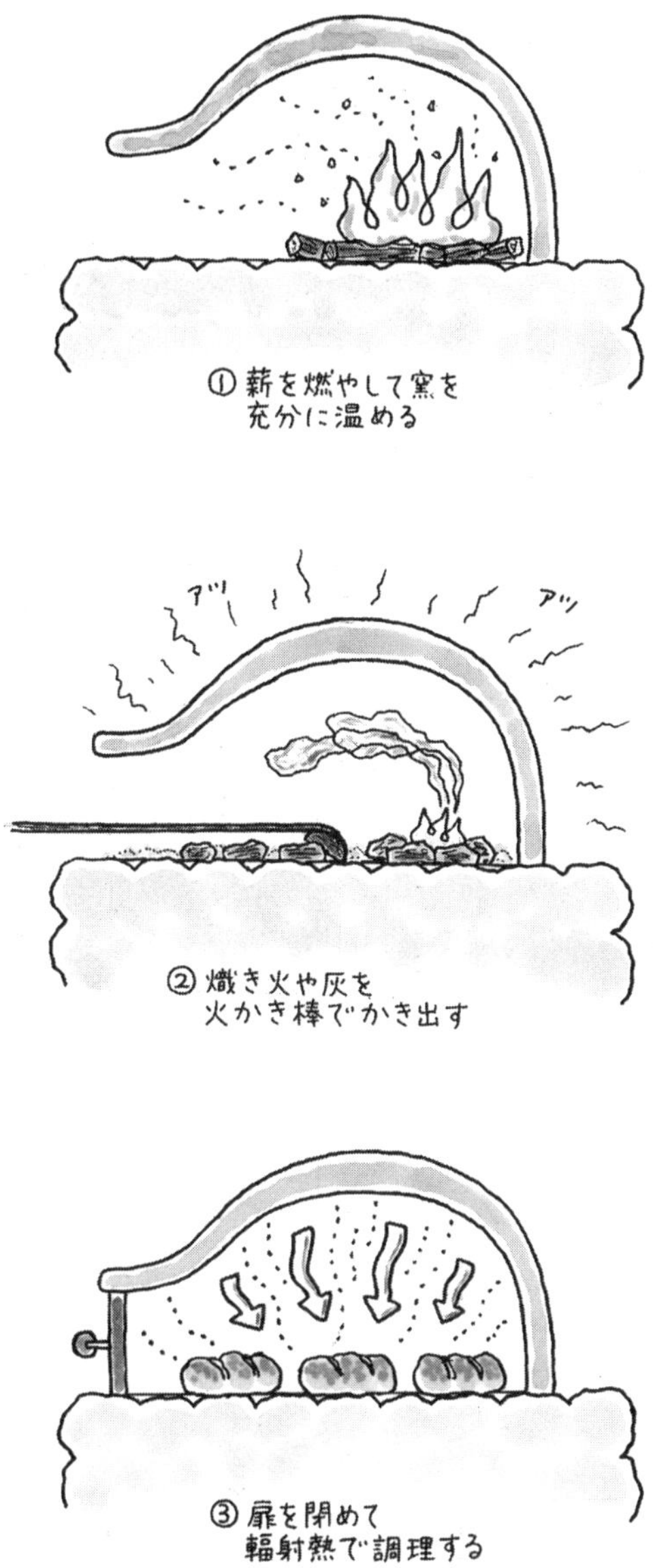

①薪を燃やして窯を充分に温める
アツ
アツ
②熾き火や灰を火かき棒でかき出す
③扉を閉めて輻射熱で調理する

愉しみ方は無限大

石窯で畑や庭がキッチンに変身

一坪菜園やガーデニングに石窯を取り入れたい、という方が増えています。どちらも大賛成です。

私は、彩り鮮やかな庭や、野菜がムクムク育っている畑にいると、もうそれだけでお腹がすいてくるのですが、それは皆さんも同じですよね。やんちゃ坊主に負けないほど泥だらけの野菜や、心の深みに沁みるハーブの香り。太陽の恵みだから、太陽の下でいただきたい。それも、いますぐ。

それならば、ご自慢の庭や畑の片隅に、石窯をつくることをおすすめします。あなたが太陽の下で草取りや収穫に汗を流す間、石窯も負けないくらいカンカンと熱くなっていきます。煙が気になるなら、薪のかわりに炭を使えばよいでしょう。

メニューは今日の収穫で決めよう

ひと仕事すんだら、さあ、ごはん。畑が、庭が、石窯を囲んだ瞬間からキッチンになります。今日の収穫にあわせてメニューを決めましょう。夏ならば、真っ赤なトマトとバジルとトウモロコシで、こんがりピッツァにしましょうか？　冷えたビールで乾杯する間に焼きあがります。秋空の収穫祭では、かぼちゃとさつまいもの石焼き。ドンドンッとダイナミックに乱切りしたら鉄板にのせて、石窯におまかせ。別の鉄板には栗をのせて、金ザルをかぶせて石窯へ。バチバチッと栗のはぜる音に、いたずら坊主たちもびっくりするはず。

クリスマスには、可愛い鶏を一羽つぶしましょうか。「うぇーん、鶏を殺しちゃかわいそうだー。でもおいしいー」なんて泣き笑いしてるのは誰？　自己矛盾に気づいて悩んで、みんな大人になるのだよ。

自由な発想で石窯づくり

畑につくるなら、元気な野菜に負けないようなヘンテコリンな石窯はいかが？　粘土をこねれば外見は思うまま。カボチャ大王の石窯、なんて楽しいですね。

ご自慢の庭ならば、雰囲気にマッチした石窯にしたいもの。たとえば素焼きの鉢でつくった石窯はどうでしょう。焼き込んだレンガと組み合わせれば、ユニークな庭のオブジェ。それがオーブンだと知って、二度ビックリ。

石窯の土台部分をロックガーデンにして、花やハーブを植える手もありです。焼きたてのクッキーやピザに歓声があがるところに、たとえばロックガーデンのハーブをひとつまみ添える。石窯は、畑や庭をおいしいキッチンにしてくれる魔法の石なのです。

アウトドア父さんは、石器時代の石窯を

アウトドアに目がないお父さん。今度の週末はどちらへ？　フライフィッシングですか？　海でキャンプですか？

ひとつ提案があるのですが、石器時代などはいかがでしょうか？　なにしろそこでは、世界じゅうがアウトドアです。愉しいですよ。

ワインとビールは大目に見て

私は思うのですが、どうも近頃のアウトドアはカタログ商品で完全武装しているような、都会のアウトドアショップが店ごと移動してきたような、そんな風潮じゃありませんか？　せっかく都会から脱け出しても、これでは自然と触れあう快感がないでしょう。それで森や水や妖精の声が聞こえるのでしょうか？

そこで、石器時代なのです。なにも持たずに、といってもワインとビールぐらいは大目に見ます。

とりあえず、ふらりとまいりましょう。

メシはぁ？　なんて情けない声は出さないで。心配ご無用。とびきりうまい料理を、石窯のご先祖様がつくってくれます。お父さんはちょっとだけ汗をかいて、石窯をつくればよろしい。

元祖石窯との蜜月《みつげつ》

石を敷いた上に、また石を並べれば、いちばんシンプルな石窯のできあがりです。

森の枯れ枝や流木を拾い集めて、おもむろに火を焚きつけます。

熱を逃がさないように乾いた砂や燃えた灰を石の上にかぶせ、炎を眺める数時間。沢で魚を釣るもよし、山で木の実を採るもよし。どれもみな石窯が料理してくれます。りんごのチップも少し持ってきたので、窯の中にぱらぱらと投げ込みましょう。これで燻製もつくれます。

やがて太陽が傾く頃、ビールの酔いがまわる頃、石がこんなにおいしい香りを漂わせるのだと気づく頃、料理のできあがりです。

お父さんが、遠いまなざしを投げる夕陽は、あの時代と同じもの。はるか昔の草原の、風も馬も駆け抜けてゆく地平線に、われらのご先祖様は何を見てごはんを食べていたのか？ご先祖様、俺もうまいメシ食ってますよ、とお父さんは空に話しかけます。

食事がすんで、まだ熱い石窯を崩した上に毛布を敷けば、こんどは暖房に早替わり。冷えゆく空の下で床暖房の白川夜船としゃれこみますか。

ああ、これは夢じゃない。いつの世も、石窯は、良き友なのです。

食べる学習の場にも石窯がほしい

食べることを学ぶ食農教育の現場で、ぜひ石窯をつくっていただきたいと思います。なぜなら、いま家庭から生きた火が消えてしまったからです。囲炉裏もかまども消えて、焚き火すら近所迷惑でできません。

食べ物とのつながりを実感したい

私の石窯には、近所の子どもらが遊びにきます。ゆらめく炎を黙っていつまでも見つめる小さな哲学者もいれば、「もっと燃やせー！」と貴重な薪をつぎつぎに放り込む情熱家もいます。

石窯には、小さな子だけでなく二十代、三十代の若い人たちもやってきます。「自分が誰だかわからない」と、水で薄めたような声の人たちです。私も同じ悩みをさんざん都会で浴びたものですから、他人事ではありません。何もかも分断された現代の生活では、他者とのつながりが脆いから、自分が誰だか分からなくなってしまうのですね。

何でもいいからなにかつくれ。頭でなくて、身体で感じることだよ、と思います。

自然界を身近に感じて

みんなで一緒に手を動かして、食べ物と自分のつながりが実感できる場所。そんな場所がもっと増えてほしいし、そこにはぜひ石窯をつくってほしい。

食べ物をつくるために、窯からつくるという原点回帰。石の硬さや火の熱さ、煙の渋さ、パン生地の不定形。あれやこれやを感じながら、最後においしく食べる道のりは、他に得がたい経験です。

自分には縁遠いものだった山や森が、じつはどれほど豊かなものか。ひと切れのパンやピザやチキンに、どれほどの手間がかかっているか。そのありがたさがわかるのです。そのときから、自然界は子どもにとってぐっと身近なものになるでしょう。

石窯が演出する地域おこし

火を焚けば、人が集まる

地域共同体の崩壊などと言われて久しくなります。ありていに言えば、みんなで火を囲んでメシを食べなくなった。そういうことではないでしょうか？

そこで私は思うに、火を焚けば人はまた集まってくるのではないか？

そんな単純な問題じゃない、といわれますか？ いえいえ、人間はとても単純です。火を焚けば集まってくるのです。ただしその火は、おいしくなければいけません。

なぜなら人間の遺伝子には、猛獣の牙から身を守るために、深い森の奥で炎に身を寄せあった太古の記憶がしっかり刻まれているからです。そして、火を使って食べた木の実や獣の肉の香ばしさも、記憶の奥底で受け継いでいるのです。火には、

人と人とを結びつける神通力があるのです。その力を最大限に活かすのが石窯です。

石窯が人を魅《ひ》きよせる

たとえば、地域の直売所に石窯があれば、新鮮なきのこや野菜やハーブを買った親子連れが、その材料でピザ焼き体験ができますね。障害者や高齢者の作業所に石窯を置いて、ボランティアの人たちとパイやクッキーを焼くのはどうでしょうか。酪農地帯ならば、直販センターの中で石窯が燻製やローストの香りを漂わせているとか。あるいは炭焼き窯の余熱を石窯に蓄えて料理をすれば、山仕事のボランティアも大喜びでしょう。

ふる里の海や山にあふれる幸せを、石窯という舞台装置を通じて、もっとアクティブに体験する。モノだけでない、石窯のある空間、炎と向かいあう時間が、人を魅きよせるのです。

農村だけでなく、大都会でも石窯は要《かなめ》になります。石窯ひとつあれば、たとえ災害で電気やガスが止まった大都会でも、おいしい食事ができるからです。

神戸にある石窯パンの老舗は、かの大震災に直撃されながらも、いち早く活動を再開し、パンを焼いて救援活動にあたられたそうです。機械を使わずに手でこね、薪で焼く石窯だからこそできたことです。また、トラックに石窯を積んで、長野から神戸まで救援にかけつけたパン屋さんもいらしたと風の噂に聞きました。

石窯は、自給のための優れた装置であり、どんな都会にも農的ファクターを呼び出す魔法の石なのです。

田舎暮らしだからこそ、石窯を中心にしたい

日本じゅうの都会から田舎へ、静かな大移動が始まっています。乳と蜜の流れる約束の地を見つけたあなたは、さて何から始めますか?

「田舎に移ったら、家より先に石窯をつくるべきだよ。旨いピッツァが食えれば、友だちがわんさか家づくりを手伝いに来てくれるからね」

これはオーストラリアの田舎で家をつくっていたオヤジさんの言葉ですが、けだし名言であると思います。石窯があれば、遠方はるばる訪ねてくれた友人と、素朴で極上の宴を心ゆくまで愉しめますから。

家づくりや畑仕事に汗を流してもらい、炎を眺めておいしい料理のあとは、石窯の余熱で沸かした風呂の醍醐味。一石二鳥、三鳥と指折り数えて余りある、しかも請求書や終電の時間も関係ない、贅沢な空間です。

炎天下の草取りを終えてのひと風呂、雪を眺めながらの床暖房、じっくり仕込んだ鍋料理……田舎暮らしで石窯の応用は無限です。それらを自由に組み合わせて、自分で生活をデザインできるのが田舎暮らしの真骨頂です。あれこれ想いを巡らしながら、エネルギーと人間の出会いが調和して流れていく生活を楽しんでください。以下、一例として著者たちが実践してきた〝石窯のある暮らし〟のようすをご紹介しましょう。

私たちの、石窯のある暮らし

神奈川・草の実酵房の場合

石窯で農的生活をデザインする

夢は優雅に

都会にいた頃の私（須藤）の夢は、パンをテーマにして、畑からテーブルまでが連なった場所をつくることでした。麦畑があり、水車の石臼が粉を挽き、パンを焼く工房のある場所、というわけです。

「君は、いまひとつ芸がないからなあ。もういっぺん東京に戻ってパン屋の修業して、それから農村に入ったらどうだ?」

研修先の農家でこういわれて、「急がば回れ」で東京のパン屋にお世話になりました。

さて技術はともかく、困ったのは開業の設備です。なにしろ業務用のオーブンだけでも数百万円の資金が必要であるという壁。その他の設備をあわせたらパン工房の開業資金は千万単位の額になるとのこと。

さらに恐ろしいことに、その設備投資を回収するために、自営業のパン屋は受験生よろしく平均睡眠時間三〜四時間が当たり前である、それがこの業界の常識であるなどと聞かされる始末です。

しかし、これは私のやりたい世界ではありません。業界の常識は私の非常識です。そんなものに引っ張り込まれて自分の方向を変えるわけにはいかず、どうしたものかと思案投げ首のところに聞かされたのが「石窯」の話でした。

なにしろレンガを積んで自分でつくるというのですから、これは安上がりです。ガスや電気でなく薪を使うというのも、経験はないけれどおもしろそう。そしてなにより、この日進月歩の技術革新の時代にあって、数千年前のエジプト人やローマ人と同じことをやって生計を立てるというのが、シーラカンスみたいで優雅ではないか。よし。

童話の素朴、神話の深遠

とまあ、じつに呑気な決意で石窯と出会ったわけです。それからは東京で働くかたわら、各地の石窯パン屋さんを訪ねまわりました。手づくりの工房に佇む石窯との出会い。ほんとうに石と薪だけでパンが焼きあがる驚き。窯から出たばかりのパンをかじった瞬間の、「うまい」とすらいわせない圧倒的な至福。石窯の世界は、童話のように素朴で神話のように深いのでした。

和歌山、神戸、岡山、京都、山梨、長野……各地の石窯は、どれもみなオーナーの想いを込めてつくられたものばかり。そして皆さん、石窯づくりの愉しさや苦労、石窯の生活の素晴らしさを、熱く語ってくださるのです。我が子に対するような石窯への想いをうかがうほどに、私も石窯づくりへの想いをつのらせました。

数年のち、独立して山の中の農家を借り、村のパン屋「草の実酵房」を始めました。始めた商売は、優雅というよりは閑そのものだったので、山を眺めながら石窯と毎日ゆっくり遊ぶことができ、エイリアンだった石窯の多彩な面がひとつふたつと見えてきました。

そのあとは、日に日に愛しさがつのるばかりの付き合い。私にとっての石窯とは、自分の生活を農的にデザインするにあたっての大黒柱だったのです。

パーマカルチャーとの出会い

この「生活をデザインする」という発想は、パーマカルチャーから拝借したものです。パーマカルチャーについては、ずばり『パーマカルチャー　農的暮らしの永久デザイン』（ビル・モリソン著、田口恒夫 他訳・農文協刊）という名著があります。石窯をつくろうとする方にとっては本書に次ぐ必読書、ぜひお読みください。

パーマカルチャーでは、身のまわりにある様々なモノ・コト（たとえば気候風土や動植物、伝統文化など）に目を向けよう、耳を傾けよう、と呼びかけます。身の回りのものは、すべて何かしらプラスの意味がある、まったく無駄なものやマイナスのものなどない、というのです。そして、それぞれのプラスが有機的に活きるように、生活をデザインしようと考えます。石窯を例にとれば、こういうことです。

レンガを積む手応えが気持ちいい

●身の回りのモノ・コトと石窯の関係

里山の木→薪の材料になる
山の粘土と石→石窯の建築材料になる
近所の陶芸家→窯づくり、薪について教えてくれる
炭焼きのおじいさん→窯づくりの技術を教えてくれる
近所のおばあさん→籠を編む技術（パン生地を寝かせる）を教えてくれる
おいしい井戸水→パンの仕込み水になる
野菜、果実、きのこ→食材になる
微生物→パンを醗酵させる酵母菌が空気中にいる
地域の人たち→お客さん、石窯で一緒に遊ぶ友達として

●石窯から周囲への働きかけ

熱が出る→調理、炭焼き、陶芸、家に添わせて壁暖房、遠赤外線マッサージ
薪を燃やす→山で朽ちていく間伐材の有効利用（山のお掃除）、町の剪定枝ゴミの有効利用
消し炭が取れる→暖房や土壌改良剤に利用
灰がとれる→洗剤、畑の肥料、お茶の道具、囲炉裏、断熱材、灰汁
炎が昇る→心が安らぐ、家の精神的な象徴になる、仲間が集まってお祭り空間をつくる
煙が出る→防虫効果、木酢液が取れる、燻製をつくる
煙突がある→熱で水を温める、煙突の中で燻製、煙突を家の一部にすれば壁暖房

窯の上の空間→薪の乾燥、床暖房、冬のネコ（あるいは人間）の寝床
石窯のユニークな形→子どもが登って遊ぶ、見物人が来て仲良くなる、花やハーブでロックガーデン
石窯づくり→地域資源（薪や石や粘土層）の再発見や知識の継承、協同作業を楽しむ
石窯を使う→五感、六感の復活

新しい出会い、宮古島にやってきた

いかがですか、ずいぶんあるでしょう。皆さんも、石窯をつくるにあたって、ぜひはじめにイメージしてください。これからつくる石窯が、あなたの生活をどれほど豊かにしてくれるのか？　旅の前にあれこれ思い描くような愉しいひとときです。そして実際に石窯と暮らしてみれば、さらに思いもかけない素晴らしい出会いがあることでしょう。

かくいう私も、神奈川のパーマカルチャーセンターの一角をお借りしていた「草の実酵房」を閉じ、沖縄・宮古島にやってきました。介護や農業や自然体験をおりまぜたＮＰＯ「元氣ゆがふ村」を設立したのです。

もちろん石窯もつくります。これまでの山間の村とはまるで違う亜熱帯の島です。「さてさて、この島には何があるのかな？」と、ゆっくり観察・デザインを始めたところです。

電線リールを４個組み合わせた土台

倉渕村・「マシュウ」窯の場合

帰農生活の大黒柱

「食べるものは自分たちで」と始めた暮らし

「パン焼いてるのかなあ、フーガス食べたいなあ」

三歳になる息子・太一が、畑で木を燃やす煙の匂いをかいで言いました。

フーガスとは、わが家の石窯でパンを焼く際に必ずつくる、平べったいパンのこと。太一の大のお気に入りで、彼にとって木の燃える匂いはパンの匂いになっているのです。

倉渕村で、自分たちの食べるものは自分たちの手でできるだけつくっていこうと始めた生活。太一は着実に幼い感覚でこの生活の匂いを身につけているようです。

私（岡）とパートナーの和田は、今から四年前に東京でのサラリーマン生活を辞め、群馬県倉渕村にやってきました。今では畑一ヘクタール、自家用の田一〇アールを耕作し、浅間山を望む畑の前に小さな家を建て、農業を生業として暮らしています。

初対面の石窯、その存在感とあたたかさ

その存在感はすごいものでした。まるで頑固親父のように、大きくどっしりとそこに立ちはだかっていました。

大きなさつまいもパンのできあがり！

石窯との最初の出会いは五年前、東京にいた頃のことです。職場の仲間と「草の実酵房」の須藤さんのパンを共同購入していて、その縁で一度、神奈川にある「草の実酵房」を訪れました。毎週届くパンもそうでしたが、そこではじめて会った石窯は、同じように静かだけれどしっかりと存在感があり、何ともいえないあたたかみがありました。

その時にはあと何カ月か先には倉渕村で暮らすことが決まっていたので、ぜひ私も石窯がほしいと恋焦がれるようになりました。でもまさか倉渕に移ってほんの十カ月後に「私の石窯」ができようとは思ってもみませんでしたが。

たくさんの人の輪ができた

私と石窯って相性がいいのかもしれません。これまで不思議と石窯関係のことは、「ああしたい、こうしたい、こういうのがあればいいなあ」と思ったり願ったりすると、自然に寄ってくるというか、集まってくるのです。

たとえば、須藤さんが厳寒の倉渕村に一週間泊まりこんで、わが家の石窯づくりに携わってくれることが決まってから、わずかの期間に、いろんなうれしい話や物が、そして人が集まってきました。

●石窯の土台の石は↓友人の畑から大きな石がごろごろ出てきて、「ぜひ石窯の土台に持っていってくれないか」といわれ、軽トラックで楽々と畑からわが家へと運ぶことができた。これが川原の石や山の石を運ぶとなると大変。

●高価な耐火レンガは↓村の陶芸家から一個二〇円で譲ってもらう。おまけに粘土くずや陶板まで。おかげで石窯にかかった費用はレンガ二〇〇個分の四〇〇〇〇円のみ。
●石窯の顔になる扉は→溶接の職業訓練校に通っていた村の友人が、卒業制作でつくってくれた。おまけに火掻き棒や灰出し用の棒まで。
●薪は→積極的に求めなくても、なぜか自然に集まってくる。「栗の木を剪定したんだけど薪にしないか」「山の木を伐採したんだけど……」と毎年秋から冬によく声がかかる。
その他にもいろんな人が製作途中から様子を見に来てくれたり、泊まりこみで手伝ってくれたりと、本当に人の輪でできあがった石窯です。

こんな石窯ですから、かわいいに決まっています。もうできあがる前から名前を決め、呼びかけていました。「マシュウ」と。

「マシュウ」窯がどんどん引き寄せる

物静かで力強く頼もしい、わが家の石窯は大きくてあたたかい寡黙な父親のようでした。そこで赤毛のアンの養父「マシュウ」から名前をいただきました。「マシュウ」は、わが家の猫や放し飼いにしている鶏たちも、ゆったりとやさしく包んでくれます。鶏のラーラはその上を毎夜の宿りとし、朝には卵を産みつけます。

「マシュウ」はクリスマスには「サンタクロース」に変身。窯の中にプレゼントを仕込んでおいて、太一をびっくりさせた余興の後は、ローストチキンを焼いたり、ケーキを焼いたりと大活躍です。

この「マシュウ」窯、できあがってからも不思議な力を持っています。どんどんと自分の仲間を増やしていくのです。

「マシュウ」窯から出た熾き火の置き場として、石で囲ってつくった「マリラ」窯（アンの養母、マシュウの妹の名）。ここは寒い冬の石窯パーティーには、皆で火を囲む場ともなります。焼きたてピザを食べる外の丸テーブルは「リンドおばさんの噂のテーブル」。このピザにのせるバジルやオレガノは、すぐ近くにつくった「ダイアナガーデン」から調達。そして、パンの材料にする丸麦やその他の食料の貯蔵庫で、パンをこねたり伸ばしたりする台もある小さな部屋は「アンの部屋」と呼ばれて、「マシュウ」のすぐ前にあります。

これらのものは決していっぺんにできたのではなく、少しずつゆっくりと、必要なものが自然につながってくるようにできあがってきました。まさに「マシュウ」窯の有機的なつながりの力だと感じています。

「マシュウ」はもちろん人と人もつなげてくれます。「パンを焼くよ」とまわりの人に声をかけると、皆、自分のパン生地やケーキ生地を持ってきたり、「大麦をつくったのでローストして麦茶にしよう」「魚を釣ったので窯で焼いて」、中には飼っていた鶏を「パン焼いた後で燻製にしよう」と持ってくる人までいます。

そこからはもう、窯の火を囲んでの楽しいガーデンパーティーの始まりです。倉渕村のみんなでつくった石窯のまわりには、自然と人が集まり仲間の輪が広がっていくのです。

食べるのはたっぷりと働いてから

石窯の魅力のひとつに、時間と手間をかける贅沢があります。

その醍醐味を共感するため、石窯のパン焼きを見たい、パンを食べたいとやって来る友人たちには、まずたっぷりと働いてもらっています。春、秋なら畑の草取りや収穫、冬な

リンドおばさんの噂のテーブルでガーデンパーティ

ら山で薪を集めて、のこぎりや斧を使っての薪割りまで。やって来てすぐに「さあどうぞ焼きたてのピザです、パンです」っていうのでは、東京でも味わえます。でも、トマトやズッキーニを収穫し、ニンジン畑の草取りをした後にいただくピザやパンの味は、ここでしか味わえないおいしさです。

時間と手間をかける贅沢

パンを焼くための薪は、一回で相当の量を消費します。その薪の準備をして、窯に火を入れる。あんなに苦労して重い木を取ってきて薪割りまでしたのに、石窯はパキパキと小気味よい音をたててあっという間にその薪を食べ尽くしてしまいます。

でもその内部に蓄えられた熱で今度はパンを焼き、ポトフをつくり、ケーキを焼き、最後は燻製までつくることができます。まるで自分の労働へのお駄賃のよう。手間と時間は電気オーブンに比べて格段にかかりますが、それにかける時間をつくることって、今の時代、一番の贅沢だと思いませんか。

そして、「いったいこの石窯で何が焼けるのだろう。何を焼けばおいしいのだろう」と、その時々の素材と火と石窯の具合を感じ取って、工夫しながら料理するおもしろさ。それこそ電気オーブンの料理本のようにはいきません。だから、できたものはいつも格別。少々パン生地の醗酵がうまくいかなくても、ピザの形がいびつでも、石窯はおいしく焼き上げてくれます。石窯にはそれだけの力があるのです。

手前味噌ではないけれど、毎回焼くたびに「今回のが今までで一番おいしい!」と感じる幸せ。石窯を使っている人なら、わかってもらえますよね。

夏は石窯のことを考え、冬は畑を考える

農繁期の夏は一年分の糧を稼がなければなりません。残念ながら石窯でパンを焼く余裕はないわけです。秋も十月に入ると畑も比較的落ち着き、石窯に火を入れることができるようになります。そして冬になってようやく、週に一回のペースでパンを焼く生活が始まります。

わが家の生活のリズムによって、石窯に火を入れられない時期があることと、野菜がつくれない季節があることが、いい意味で気持ちの張りになっています。

冬、パンやケーキを焼きながら考えることは、「春になったら一番にルッコラを植えて、ピザにのせて食べよう」「今年はちょっと多めにかぼちゃをつくって、かぼちゃパン用のペーストをつくっておこう」。いろんな野菜をつくりたくてうずうずしてくるのです。

夏の炎天下、いんげんの収穫作業や春菊の間引きをしながら石窯に思いを馳せます。「かぼちゃを丸ごと石窯で焼くとおいしいだろうな」「この冬は自家製のライ麦と小麦を使ったパンが焼けるなあ」「窯の補修もしなくっちゃ」「今年はトマトが豊作だったから、ピザ用にたくさんトマトソースをつくっておこう」などなど。

今や畑の作物計画の一部をマシュウ窯が考えているようです。逆に窯で焼くものの選定は畑におまかせ。お互いに刺激を与えあっているのです。

夏の忙しさが一段落して、さつまいもや山栗、かぼちゃなどが収穫できる頃。収穫の喜びとおいしさを同時に味わわせてくれる石窯「マシュウ」は、私たち家族にとって最高のパートナーとなっています。

※この他にも、各地で自分流の〝石窯のある暮らし〟を楽しんでいる方がたくさんいます。そのほんの一部を、囲み記事「石窯のある風景を訪ねて」で紹介していますので、併せてご覧ください（P.110，P.119，P.158）。

「マシュウ窯」のもうひとりのパートナーから

妻の夢が、石窯で実現した冬

和田裕之

佳子の一番のご自慢は「自家製の天然酵母で、自家製の小麦（有機栽培）を使い、自家製の石窯マシュウでパンやケーキを焼くことができる」ことだそうだ。

農閑期は石窯づくり

うちの畑は標高七〇〇メートルのところに位置しており、一月から三月半ばまでの冬期は表土が凍るため露地野菜はお休みになる。だから、春から秋にかけて一年分の蓄えを終えなければ、冬の間は出稼ぎか内職が必要になる。そのかわり農繁期の作農・出荷が順調であれば、農閑期には、石窯をつくったり、小屋を建てたりといったことが可能になる。

実際わが家では、就農一年目の冬に石窯をつくり、二年目の冬に石窯に屋根をかけ、三年目の冬から石窯焼き天然酵母パンを販売し始め、とうとう四年目の冬には石窯の本（本書です）を出すことになってしまった。

また、この冬からは石窯焼きパンに「自家製小麦使用」の肩書きが加わることになる。穀物の自給は就農当初から考えていたが、これほど早く実現するとは思ってもいなかった。これも、石窯と佳子の「引き」の強さのおかげだろう。まあこれで、彼女の夢は、ほぼかなったわけだ。

農業経営に石窯は欠かせない

石窯パンは採算度外視で販売したり、友達や知り合いに分けたりして、多くの人からたいへん喜ばれている。いまどきは都会でも有機栽培の野菜は比較的容易に購入できるらしいが、石窯焼きのパンはめったに手に入らないようだ。わが家の有機野菜ＢＯＸ「くらぶち四季便り」にも秋冬にはパンやケーキが入り、産直の目玉になっている。

農業を本業本職としたい私としてはちょっとくやしいが、このパン＆ケーキがひじょうに人気があるのである（もちろん野菜の評判もよいのだが）。でも、手間がかかるのでたくさんはつくれない。販売できないのだ。

石窯と石窯パンは、売上だけを見れば「合わない」だろうが、農のある暮らしの一部として、また農業経営の一部としても、とても大きな意味を持っている。目先の効率・経済性・採算にのみとらわれるのではなく、もっと先にあるものに目を向けてみよう。それは、石窯や石窯焼きパンの持っている「存在感」「固有性」「生命力」「ゆとり」「豊かさ」「つながり」……。そして、集まってくる友達やおいしい食べ物。こんなにも貴重なものがここには確かにある。それらは、石窯で焼かれたパンやケーキだけでなく、私たちの野菜や夢や生き方、想いのすべてを多くの人へと導いてくれる。

農業経営の最終的な目的は、農家が楽しく幸せに暮らしていくことであろう。そこにはやはり石窯の存在が欠かせない。ちなみに、うちの妻は農繁期の忙しい時でも石窯のことを考えているらしく、いつでも幸せそうだ（これもちょっとうらやましい）。

農家に限らず、石窯のある暮らしは、きっとその人の人生に多くの潤いをもたらせてくれるだろう。

Part 2

気軽につくる石窯いろいろ

石窯の基本を知る

石窯には二タイプある

一坪あれば菜園がつくれるように、畳半分のスペースがあれば石窯がつくれます。身近な素材を使って、簡単にできる石窯からチャレンジしましょう。

石窯には、大きく分けてふたつのタイプがあります。Ｐａｒｔ１で紹介したように、薪を燃やすところ（火床）と調理するところ（焼き床）が一緒のタイプが「基本形」ですが、これが別になっているタイプもあります。こちらは薪を燃やしながら料理できるので、ここでは「連続燃焼型」と呼びましょう。

これは窯をつくる手間が少々かかりますが、途中で温度が下がっても熱の補給ができるので、長い時間、多くの料理をつくるには向いていています。くわしくは、Ｐａｒｔ３で説明します。

石窯は輻射熱を使う

真夏のビルは巨大な石窯

石窯の基本は輻射熱を使うことにあります。この基本さえ押さえれば、誰でもどこでも石窯がつくれます。輻射熱は熱くなった物体から放射されるもので、遠赤外線ともいいます。

たとえば真夏のオフィスで、朝からクーラーをガンガンつけていても暑苦しいことがありますね。それが束の間夕立で、さあっと涼しくなる。これはなぜか?

夏のビルは、それ自体が太陽のエネルギーを吸い込んで、内にも外にも膨大な輻射熱を放ちます。いってみれば巨大なコンクリートの石窯になっているのです。冷房がいくら頑張っても、しょせんは屋内の空気を冷やすだけ。ビルからの輻射熱は、空気を素通りして私たちの身体を芯から温めます。

室内の温度計の数字は空気の温度であって、私たちにふりそそぐ輻射熱の量はカウントされていません。そこに夕立がきてビル本体を冷やすと、輻射熱も収まって、室内も急に涼しくなるというわけです。

石窯は熱を蓄えて使う

日本は暑さ寒さの変化が激しい国なのに、この輻射熱の利用と対策をほとんど取り入れていないのは不思議なことです。都会の石窯ビルの空調に膨大なエネルギーを使わずとも、外壁や屋上に緑を生やしたり、デパートの垂れ幕みたいな巨大なヨシズを下げるといった単純な手段で、室内の輻射熱が減って涼しくなるのです。あるいは逆に、ストーブの上にレンガひとつでも置けば、レンガの輻射熱（余熱）で部屋がずっと暖かくなるのです。

熱は蓄えて使う、というのが効率よくエネルギーを使う大原則です。そしてその大原則にそって石窯は働きます。

蓄熱材と断熱材を上手に組み合わせる

本体に蓄熱材、周囲に断熱材

石窯は、蓄熱材と断熱材を組み合わせてつくります。本体を蓄熱材でつくって熱を蓄え、外側を断熱材で覆って熱を逃がさない、というのが基本です。

蓄熱材は、熱を蓄える素材のことで、熱くなるのに時間がかかるけれど、そのぶん大量に熱を蓄えてくれます。石、粘土、レンガ、耐火セメントなどです。水も有能な蓄熱材なのですが、液体であり、一〇〇度を超えると蒸発してしまいますから、石窯には使えません。

逆に断熱材とは、熱を蓄えにくく、通しにくい素材。この本では、空気を含んだ素材が断熱材だと考えてください。石窯に使う断熱材は、乾いた砂や灰などの燃えない素材がよいでしょう。パーライトや、珪藻土を固めた断熱煉瓦もあります。陶芸や炭焼きの窯では、セラミックウールという

素材を上にかぶせます。日除けに使うヨシズも、茎が中空なので優秀な断熱材です。

空気を暖めるのは効率が悪い

二五〇度くらいの熱いオーブンの中に手を入れても、二秒くらいは大丈夫です。でも一〇〇度のお湯に手を入れたら一発で火傷しますね。なぜか?

それは、空気は分子の密度が薄いので、温度は高くても蓄えている熱量が少ないからです。温度と熱量の違いはわかりますか? 温度は度(℃)で表され、熱量はカロリーなどで表すように、まったく違うものです。

ですから、ストーブで部屋の空気(つまり断熱材)を暖めるというのは、ひじょうに効率が悪い暖房といえます。空気を暖めても、その割に熱量は低いからです。むしろ、ストーブに使うエネルギーを壁や床などの蓄熱材に蓄えたほうが効率がよいのです。

石窯で使う道具

●火掻き棒

石窯に欠かせない道具です。窯の中で燃えている薪を動かしたり、灰を掻き出したり、鉄板を引っ張り出したり、あなたのマジックハンドとなります。

これは市販では手頃なものがありません。金物屋にあるのは短いくせに重い。それに灰を掻き出す半月の部分が小さい。私は、木製のモップの柄に半月型のクワの先端部を取りつけて使いました。燃えさかる炎をかいくぐるうちに、柄の部分が炭になっていくので、しばしば取り替えます。窯の奥まで届く長さはもちろん必要ですが、それより長すぎても邪魔になります。いろいろつくって遊びましょう。

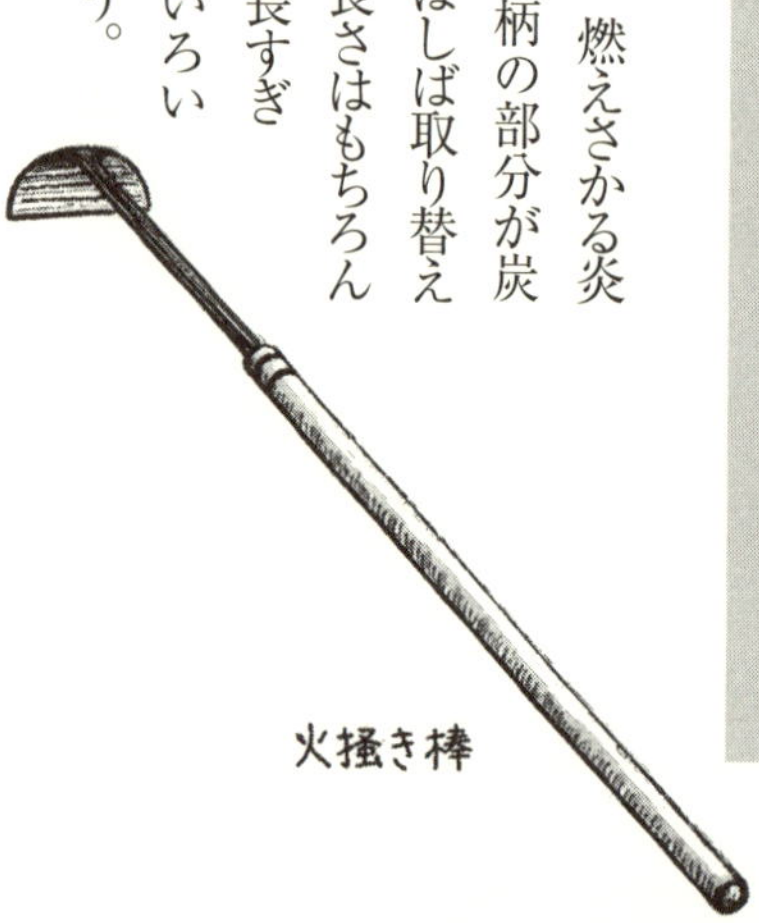

火掻き棒

●燃えないチリ取り

掻き出した熱い灰や熾き火を受け取るためのもの。昔は焚き火のとき、石油の一斗缶をハス切りにして取っ手をつけて使いましたね。あれが理想です。

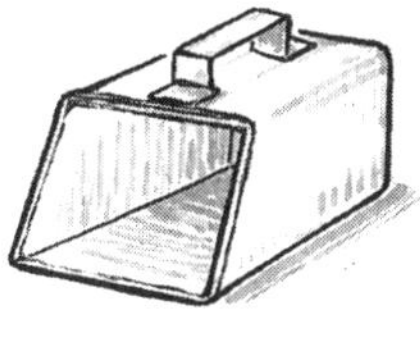
燃えないチリ取り

●熾き火や灰を受け取る容器

熾き火の熱はものすごいし、灰は貴重な資源ですから有効利用しましょう。昔ながらの消し壷、囲炉裏、小型焼却炉、五右衛門風呂と何でもよいのです。

ガーデニング・オーブン（50ページ参照）の小さなものをつくっておいて、熾き火でケーキを焼くとか、石窯の隣にドラム缶の風呂を置いて熾き火で風呂を沸かす。洋服ダンスみたいな箱をつくって、下に熾き火を入れて乾燥室にしても便利です。ただし、この場合、熾き火と洗濯物の間に仕切りを忘れずに。

●モップとバケツ

灰を掻き出した後、焼き床を濡らして拭くモップです。汚れるので二本必要。プラスティックの柄は熱で溶けるので不可。木の柄のもの。

●鉄板

オーブン料理に使うものを利用。

●ピール

石窯の焼き床に直に素材を置くときに使います。木製と金属製とがあり、製菓材料の専門店やパン関係の道具屋さんで扱っています。

手づくりならブリキなどの金属板を適当に切って、木の棒に打ちつければ充分です。小さな窯ならば、細長い金属

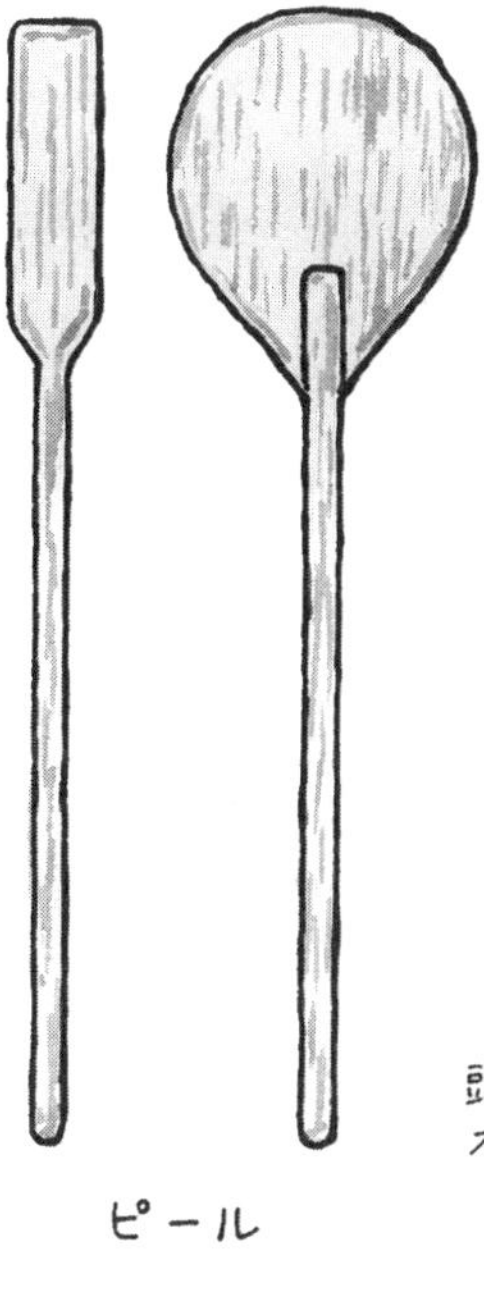
ピール

自作ピール
金属板
頭の部分は
木枠をつけない
三方向に角材を
打ちつける

の板に木枠をつけても代用できます。オリジナルな石窯だから、道具もオリジナルに遊びましょう。

●耐熱手袋

軍手を強引に三枚重ねてもよい。

●水の入った器（倒れにくいもの）

素材と一緒に石窯の中に入れて、蒸気を発生させます。蒸気があることで、窯の火通りがぐんとアップします。とくにパンを焼くときには、この蒸気がパリッと褐色に輝くツヤを出してくれるのです。

元祖・アウトドアお父さんがつくる石器時代の石窯

歴史上、はじめて料理に火を使ったのは北京原人だそうです。なんと四〇万年前の旧石器時代。「元祖・炎の料理人」であります。もしかして、北京の原人さんも石窯を使っていたのでしょうか？　なにしろ美味求真のグルメ大国のご先祖様です。洞窟に石窯こさえて、一家でにぎやかに北京ダックなどこさえていたりして。

　そんなご先祖様に想いを馳せて、まずは石窯の元祖にチャレンジしましょう。

準備するもの

- 大小の石
- 砂
- 平たい石（なければ鉄の棒や鉄板、金網など）

まず小石と砂で土台づくり

まず地面に小石や乾いた砂を並べて空気の層をつくりま

す。土に熱が吸われないように断熱するのです。最低二〜三センチ、厚いほど地面の冷えが伝わりにくくなります。

平たい石を積めばもう完成

それから平たい石を何枚か見つける。できれば種類の違うものをいくつか選んでください。熱くなると割れる石があるからです。並べた石の上に石をのせて完成。石が壁になり、天井になり、焼き床になります。上下の石の間は三〇センチぐらいにします。

上の石はできるだけ平たくて、厚みは三センチくらいまでが理想です。それより厚い石だと、熱くするのに時間がかかりすぎるからです。隙間には泥を詰めながら積むとバランスがとりやすい。

石器時代の石窯・扉なしタイプ

平たい石をのせる
隙間は
土でふさぐ
30cm
くらい
最低2〜3cmくらい
小石や乾いた砂を並べて
空気の層(断熱層)をつくる

扉をつければ使い途が広がる

この石窯には扉がありませんから、ピザやチャパティーを焼くにはよいけれど、余熱でじっくり料理というのは難しい。そこで扉というか、素材の出入り口を上に向けて、そこにフタをして密閉できるようにします。

私の経験では、なかなか理想的な形の石ばかり見つかるとは限りません。上板になるような平たい石がなければ、鉄の棒や鉄板、金網などを支えにして、その上に石を並べるなど工夫しましょう。

ここにおいて我々は、石器時代から鉄器時代へ調子よく進化してしま

石器時代の石窯・扉ありタイプ

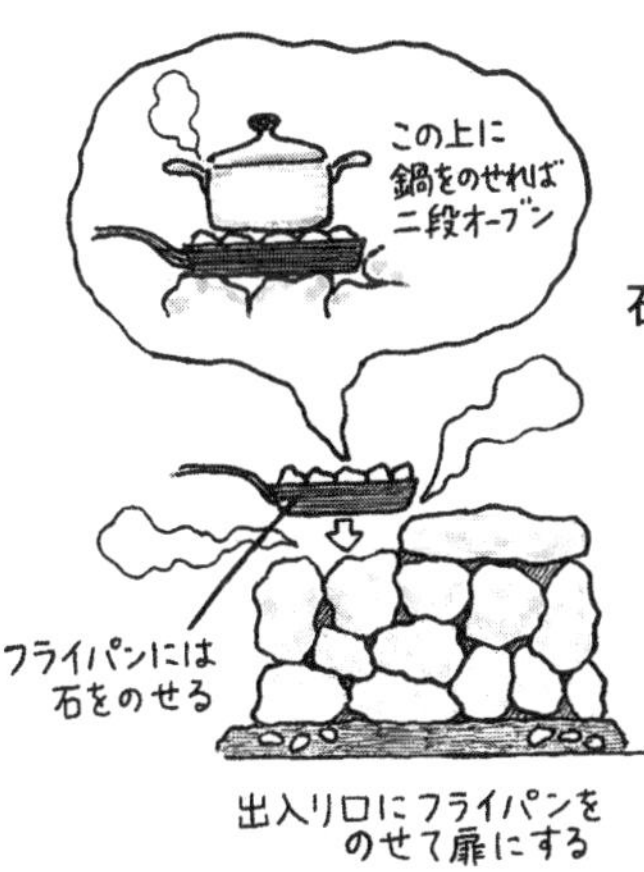
この上に
鍋をのせれば
二段オーブン
フライパンには
石をのせる
出入り口にフライパンを
のせて扉にする

鉄板、金網、鉄の棒などを
支えにして、上に石をのせる

うわけです。

フライパンや中華鍋に、ガンガン熱くした石をのせたものをふたにしてもいいですね。この上に鍋をかければ二段オーブンになります。焚火で直に熱くするのと違って、石の輻射熱でじっくり料理するのですから、豚汁もシチューも味は格段の違いです。

応用のヒント

まあ鉄器時代までくれば、キャンプ自慢の皆さんには様々な「俺流の石窯」が浮かんでくることでしょう。ドラム缶の上フタを切り取り、さらに縦に半切りすればカマボコみたいな枠ができます。ここに石をわらわら積んでいけば、かなり立派な石窯です。上から土をかぶせてパンパン叩けば、数日間のキャンプにはもったいないくらいです。

横穴式の石窯

崖を掘って、下に石を敷く。壁にも石を積む

ドラム缶利用の石窯

扉は切り取ったフタを利用
下にも石を敷く
縦に割ったドラム缶を伏せて、石を積む

何日か続くキャンプであれば、その間に大量のビールを飲むことでしょう。その空き缶を窯の上にのせて、上から砂をかけてしまえば、缶の中の空気が断熱材になってくれます。ビールを飲む口実が、また増えてしまいますね。

崖を掘ってよいのなら、横穴式の窯もできます。これだと土の断熱効果で熱の保ちがよいし、雨風にも強いです。

二～三時間燃やしたら準備ＯＫ

この石窯の中で、枯れ枝や薪を二時間から三時間かけて燃やします。灰や熾き火がだいぶ溜まってきた頃、お父さんのビールがまわってきた頃、準備はＯＫです。

灰と熾き火を無造作にかきわけて、底の平石が見えたところに、脇でこねておいた粉を平たくのして放り込む。チキンでも魚でも放り込む。昔は、その上に熱い灰をかけました。竹や笹の葉でくるんだほうが趣がありますね。

窯の下を平らにしたければ、下石の上に薄い鉄板か陶板の一枚でも置いて、その上で薪でも炭でも燃やせばよいでしょう。

水蒸気を忘れずに

熱の通りをよくするために、窯の内側の片隅に水をちょっとかけます。焼け石に水、ということで水蒸気がジャッと出ますが、この水蒸気で料理のおいしさがずっと上がります。空き缶に水を溜めて料理の間、片隅に置いておき、少しずつ蒸気を発生させるだけでも違います。

出てきた灰も大切に

最後に石やフライパンをのせて、扉（ふた）を閉める。何分間待つか？　それは、勘です。石器時代ですから。一度閉めたら腹をくくって、あまり開けたり閉じたりしないこと。

灰がたくさんあれば、窯の上にかぶせて上火と断熱をかねます。ちなみに、この灰は貴重ですから、ゆめゆめおろそかにしないこと。キャンプ場では、米のとぎ汁と同じくらい貴重な洗剤になります。シャンプーにしてもよし。カリウムが多いので、畑や鉢植えの土の肥料にもなります。

つくりは簡単でも料理は万能

以上はとてもシンプルな石窯ですが、窯の大きささえ充分であれば、Ｐａｒｔ４に出てくるレシピのほとんどはつくれると思ってください。

「元祖・炎の料理人」に敬意を表して石器時代風・北京ダックをやりますか？　あるいは他の肉でも魚でも野菜でも、その滋味を引き出すセンスは抜群です。むろん、パンもケーキもＯＫ。

最後の最後まで石窯でおいしく

ひと通りメインディッシュが終わっても、石窯は、まだもうひと働きできそうです。デザートをつくってもらいましょう。

「ああうまかった、ごちそうさん」とウットリしている面々に、窯の隅に隠しておいた焼きりんごを出してごらんなさい。前言をひるがえして飛びつくことうけあいです。あるいは、山で採れた果物や木の実、キノコと、なんでも放り込んでみましょう。石窯は最後の最後までおいしいのです。

以上が、石窯づくりの基本の基本です。これさえ覚えてしまえば、あとは簡単。徒手空拳で森や河原へ風のようにやって来て、「ここだったらこんな石窯だねえ」と鼻歌まじりにフンフンつくればよろしい。キャンプが終われば、断熱材にした空き缶だけ集めて、あとはきれいさっぱり、また風のように消えていくのです。

君よ知るや、南の島の宴～台所で再現するアース・オーブン

南太平洋の島々でいまも続く「アース・オーブン」は、大きな穴を掘って、そこに焚き火で焼いたアツアツの石を放り込むものです。

底に焼け石がたまったら、その上にバナナの葉を敷き詰め、獲物の豚や芋を供えて、またその上にバナナの葉と焼け石をかぶせる。焼け石に水をかけ、その上から土をかぶせて二時間か、それ以上蒸す。頃合をみて土を掘りだし、料理を取り分けて大宴会。

アース・オーブン

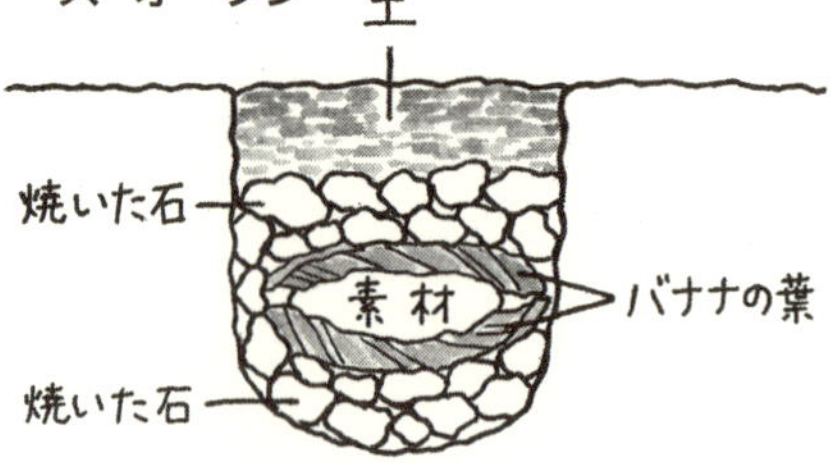

アース・オーブンは世界の共通語

アース・オーブンは、石の熱で料理するのですから、石窯の仲間です。アース・オーブンは世界各地にあって、シベリアでは樹の皮の容器、アメリカ先住民は細かく編んだ籠に材料を入れ、焼け石で料理するそうです。

浜辺のアース・オーブンは、潮が沁みあがってきて、絶妙の味わいになります。近くの港で新鮮な魚介を仕込んだら、焼け石に水ならぬ酒をかけて酒蒸し、というのも豪快です。バナナの葉で包まずとも笹や竹という素晴らしい素材があります。中華街でチマキ用の竹の葉を買うか、大きめの竹のザルを上下合わせた中に素材を入れて、焼け石に放り込んでもよいでしょう。

都会の台所に応用しよう

しかし、このアース・オーブンは、バナナの木陰に野生の豚が駆けまわる楽園でなければできないのでしょうか？ その豚を、ヤリで突き刺して担いでくる頼もしいパパがいなければ叶わない夢なのでしょうか？

そんなことはありません。小さな石を熱くして使う、という方法は、コンパクトに応用すれば、むしろ都会の台所にぴったりなのです。

準備するもの 窯の材料

・**鍋**　大小一個ずつ。重ねたとき内径差が二〜三センチになるもの

・**小石**　たくさん

・**金属製のザル**　鍋の大きさに合ったもの

すっぽりおさまる大小の鍋を用意

鍋を大小ふたつ用意します。鍋を重ねたときに、大小の鍋の隙間が二〜三センチできるもので、中に入れた鍋がすっぽりとおさまればＯＫ。それ以上、差があると、熱くするのにだいぶ時間がかかります。鍋の素材はなんでもよいですが、把手が熱で溶けないものを。土鍋でもいいでしょう。

熱した小石を隙間に入れる

手持ちの鍋を総動員して小石を分散して入れ、これを重ねてガスコンロで石を熱くします。この小石を、重ねた鍋の隙間に詰めて、石窯状態にするのです。

二重にした内側の鍋の上に金属製のザルなどをかけて、ここにも焼いた石を入れれば、上火が効きます。

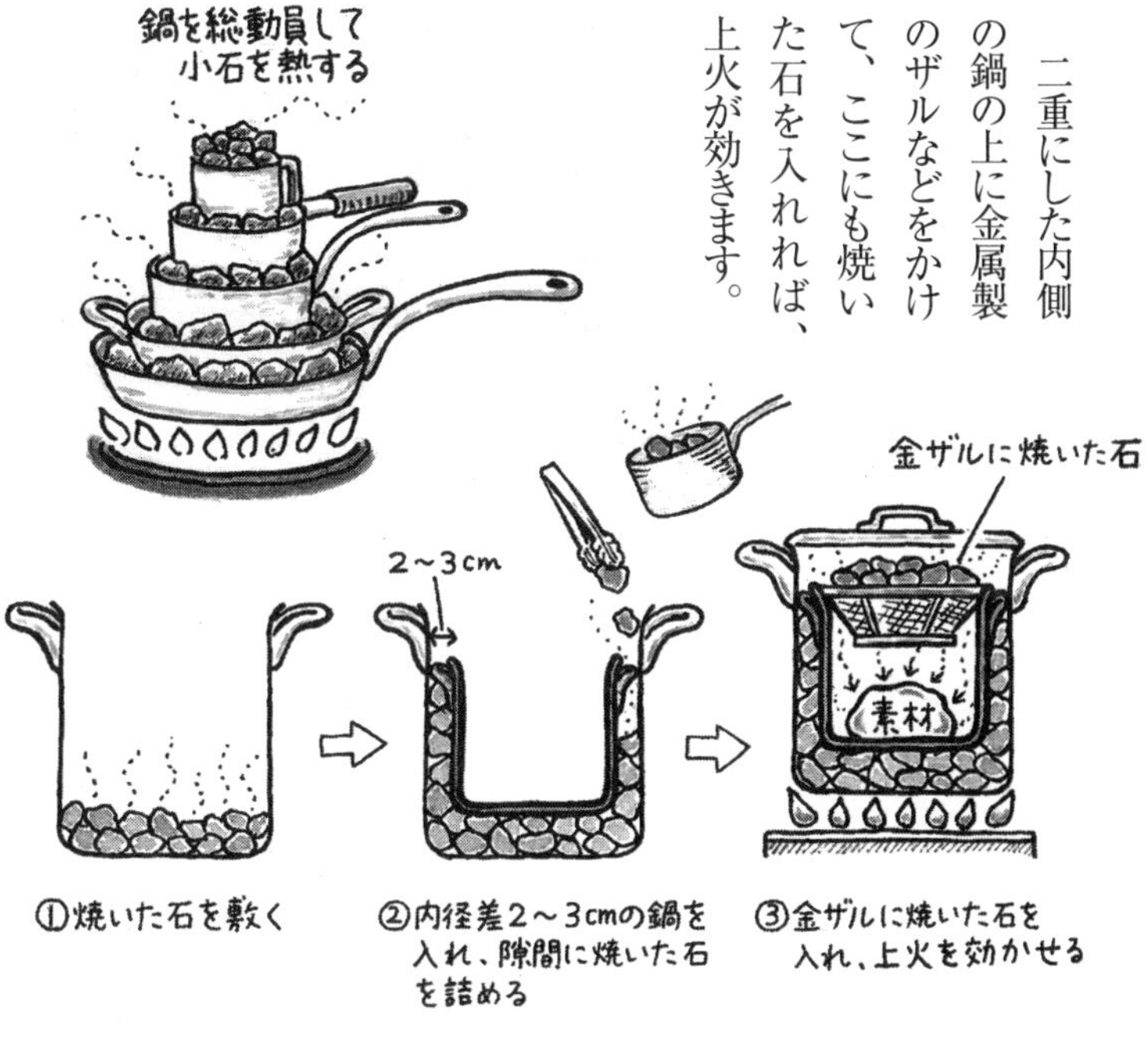
鍋を総動員して
小石を熱する
2〜3cm
金ザルに焼いた石
素材
①焼いた石を敷く
②内径差2〜3cmの鍋を入れ、隙間に焼いた石を詰める
③金ザルに焼いた石を入れ、上火を効かせる

鍋ひとつと金ザルで究極の石鍋

もっと簡単なのは、鍋に小石を敷いて金ザルを入れ、隙間を小石で埋めるだけの組合わせです。究極の石窯という

か石鍋というか、同じコンセプトの鍋が「〇×式セラミック遠赤外鍋」などという名で売られていますが、これと同じです。狭い台所にやたら鍋を増やさずとも、手持ちの鍋を組み合わせればよいのです。

屋外なら、炭を使って

庭やベランダで石を熱くするなら、炭が便利です。これなら煙を出さずにアース・オーブンができますね。この場合は、炭を熱くするためにブロワーで空気を吹きつけると、すぐに炭が高温になって、まさに焼け石状態になります。ブロワーは、庭のゴミなどを吹き飛ばすための道具で、日曜大工の店で売っています。なければ扇風機、あるいは掃除機のお尻を向けるという裏ワザもあり。

このコンパクト石窯は、断熱はできませんが、下からコンロの火で温め続けることができます。あれこれ鍋の組み合わせを替えて楽しんでください。

庭につくるなら、煙を出さないガーデニング・オーブン

わが家の庭に石窯をつくりたいけれど、薪を燃やして煙を出したら近所迷惑になる、という方も多いでしょう。そこで炭を使います。炭は、少し空気を送るだけでたちまち千度以上の高温になるので、窯を熱くする時間も比較的短くてすみます。この炭の熱を石窯に蓄えればよいのです。

これは下で炭を燃やしながら料理をする石窯です。ガスコンロにのせて使う昔のオーブンと同じタイプのものと考えてください。

小さめの窯をつくって毎日こまめに使うもよし、少し頑張ってどっしりつくって庭を演出するもよし。百人百様のガーデン石窯です。

石窯が庭のメンバーに加われば、庭とキッチンを橋渡しする素敵なパートナーとなって、お客様のおもてなしに一役も二役も買ってくれるでしょう。

準備するもの

〈本体の材料〉

・**浅い素焼きの鉢**　大小一個ずつ
一五号と一三号のように二号違いがよい
・**陶器のかけらか石**　鉢の穴に当てる
・**耐火レンガ**　約六〇個（鉢の大きさに合わせる）
熱に対する強さを表す番手は二八か三〇
・**半ますの耐火レンガ**　四個
半ますは、横向きに置いた普通のレンガを半分に切ったサイズ
・**陶板**（陶芸で使う陶製の板）
一～二枚
・**耐火セメント**　一袋
・**細い棒か、鉄の格子状のもの**
一〇本くらい。塗装していないもの

〈扉の素材〉

・**角型の浅い植木鉢**　一個

〈その他〉

・**セメントを水と混ぜる容器**　四角くて平らなもの、なければバケツ
・**小さなクワか移植コテ**　セメントをこねる
・**防水手袋**　セメントはアルカリなので手が荒れる
・**色タイルのかけら**　装飾用、なくてもよい

〈料理にあたって〉

・**オーブントースター用の小さな鉄板**
・**手袋**　軍手を二枚重ねた上に耐熱手袋を重ねる
・**炭**
・**ブロワーまたは扇風機**

〈制作費〉

合計三～五万円。この価格で、性能は二十万円クラスのオーブンをはるかに上回ります。

素焼きの鉢で頭部をつくる

ここでは、素焼きの植木鉢で石窯の頭部をつくります。まず図のように、二重にした鉢の間を耐火セメントで埋めましょう。鉢の底の穴には鉢の欠片か小石をあてます。耐火セメントは「水硬性ですぐ固まるもの」と確認して建材屋さんに注文します。気硬性の耐火モルタルと間違えられないよう。

耐火セメントはトローリ混ぜる

耐火セメントは、普通のセメントと違って砂も砂利も使いません。しかも非常に早く固まります。小麦粉を水に溶く要領で、手早く使います。

容器の底でダマになるといけないから、一度にたくさんこねないこと。少し柔らかめがよいかな。あんかけのイメージでトローリと。

気泡を叩いて外に出す

鉢の間に耐火セメントを流し込むときに気泡が混じると、熱くなったときに気泡が膨らんで破裂してしまいます。トントンと鉢の外を軽く叩きながら流しこんでください。セメントの表面からゲプッと泡が出ることでしょう。

七〜八分目までセメントを入れたら小さい鉢を重ね、あふれたセメントはふき取ります。頭部はこれで完成。あとは乾かすだけです。

鉢を乾燥させる

鉢を乾かすには数日かかります。もし焚き火や炭で下から煽って乾かすにしても、弱火チョロチョロでお願いします。急かすと割れることがあります。

ちなみに、誤解している方が多いのですが、セメントは接着剤ではありません。レンガ同士をくっつける力はゼロです。アーチなり四角なり、ひとつながりの形の隙間を埋めて一体のものにするのがセメントの仕事です。

扉は角型の植木鉢で

頭部が乾くのを待つ間、下の部分をつくっておきます。まず扉ですが、角型の植木鉢をはめこむだけでも充分です。鉢の底の穴に把手を差し込み、隙間を耐火セメントでふさぎます。

ガーデニング・オーブンのつくり方

頭部をつくる

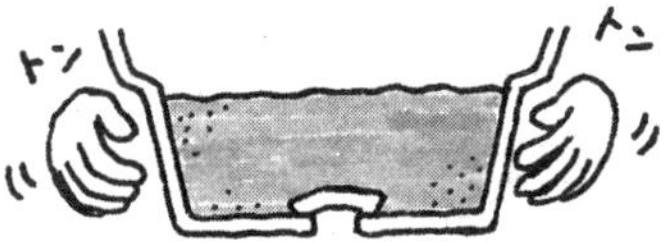
トン
トン

①鉢の底の穴を小石などでふさぎ、7〜8分目まで耐火セメントを流し込む。手でたたいて気泡を出す

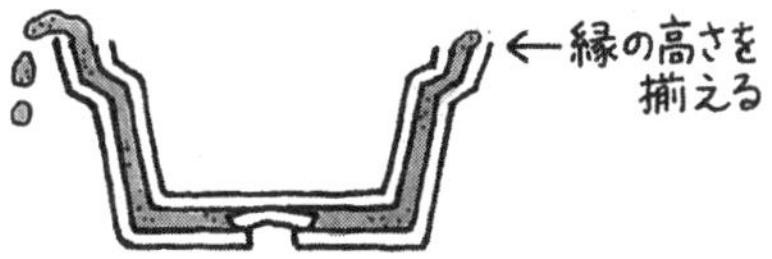
←縁の高さを揃える

②小さい鉢を重ねる。あふれたセメントはふき取る

扉をつくる

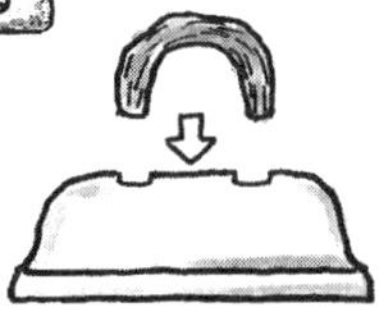

③扉は角型の植木鉢を使用。底の穴に木を差し込み把手にする

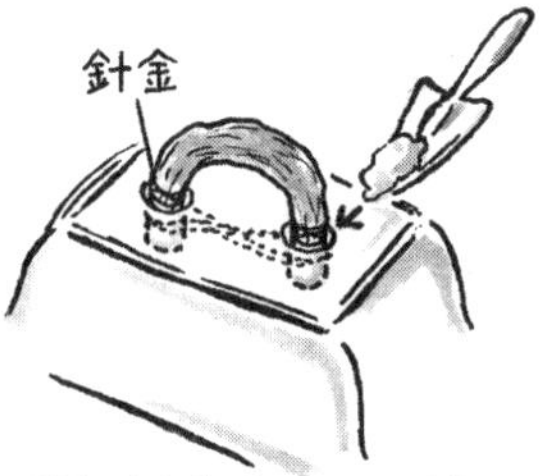
針金

④把手を針金などで固定し、穴の隙間を耐火セメントで埋める

本体をつくる

〈上から見た図〉

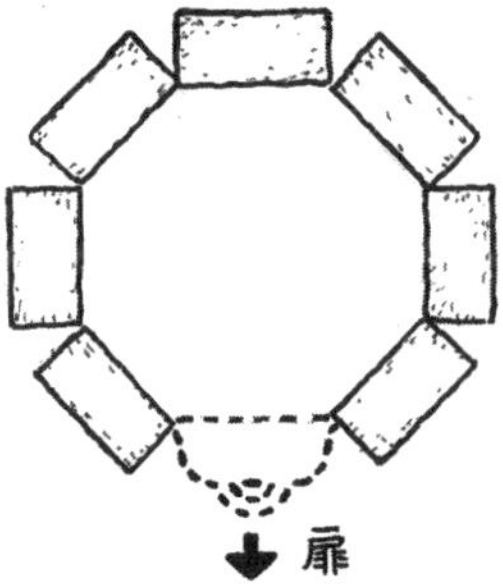
扉

⑤鉢の大きさに合わせて耐火レンガで1段目を組む。④で用意した扉が入るようにスペースをあけておく

〈上から見た図〉

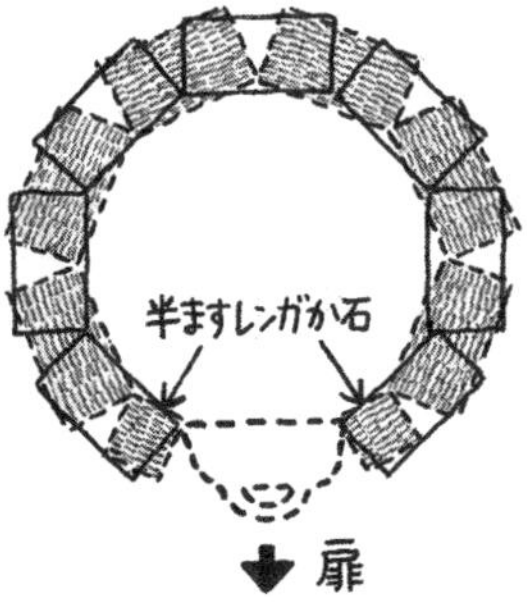
半ますレンガか石
扉

⑥芋積みにならないよう2段目を組む。扉側両サイドは半ますか石でふさぐ

○
×

芋積み

扉の幅をあけて本体を積む

扉に合わせて正面から本体をつくります。

本体は耐火レンガを積み上げていくのですが、あとで扉がぴったりおさまるようにスペースをあけてからレンガを並べます。隙間は耐火セメントで埋め、隙間の大きいところには小石を詰めて構造をしっかりさせます。

レンガはずらして積んでいく

レンガを積むときは、ひとつのレンガの重みが下のすべてのレンガに分散されるように積むのが基本。縁と縁を重ねる「芋積《いもづ》み」は崩れやすいのでやめましょう。

レンガだけでなく、自然石を組み合わせるのも素敵ですね。大谷石などは、熱効果の優れた素材です。大理石はもろくて欠けやすいので、直に熱のあたらない場所に使うほうがよいでしょう。

鉄の棒をはさむ

レンガを二〜三段積み重ねたら、鉄の棒か格子状のものをはさみ、さらにレンガ、鉄の棒、レンガを右図のように積んでいきます。下の段が火床、上の段が焼き床となるわけです。実際に調理するときに、上の段に素材をのせた鉄板を置くのですが、炭の火が直に来て熱すぎますので、耐火レンガやタイルを置いて熱を加減します。陶芸で使うカ

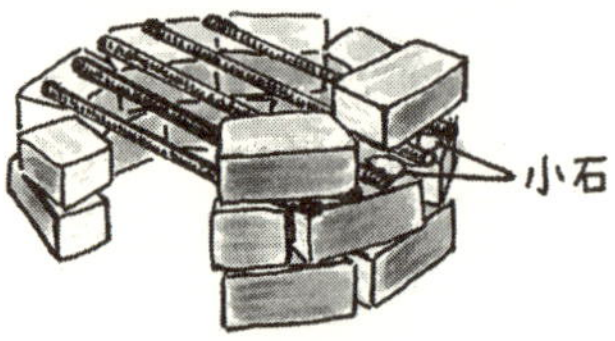

⑦鉄の棒か格子をはさみ、レンガを積む。グラグラする箇所には小石を差し込んで安定させる。ここは火床になる

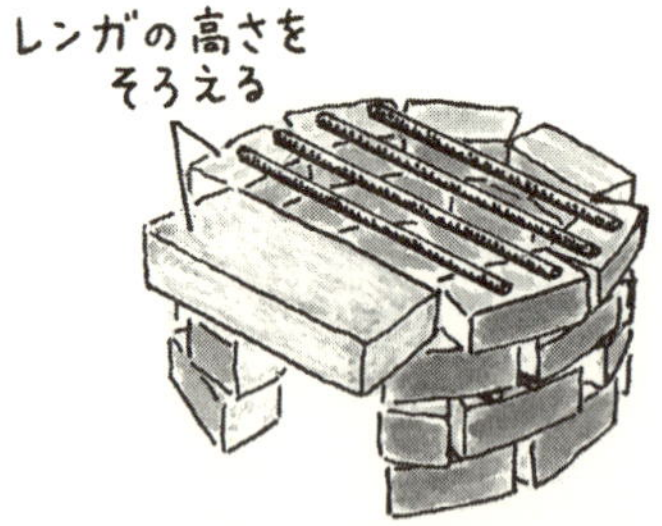

⑧レンガを2〜3段積んだら、また鉄の棒などをはさむ。ここは焼き床。扉口側には扉を支える台として陶板かタイル、瓦などをのせる

⑨さらに3段レンガを積み、4段目扉口の部分に長い石か長いレンガをのせる

ーボランダムという棚板もあります。買うと高いので、近所の陶芸家の方が割れたのをくださるなら、喜んでいただきましょう。

乾燥した鉢をのせて完成

できた足場に、乾いた鉢をそっと逆さにのせます。不安定ならレンガと鉢の間に小石などをあてて調整します。あとはレンガと鉢の隙間を耐火セメントで埋めるだけ。

ペイントや色タイルでオシャレに

この窯は、炭を燃やしつづけるタイプなので、断熱処理はとくにしなくてもよいでしょう。

鉢に絵を描くなら、耐熱性のペイントを使ってください。色タイルの破片を耐火セメントで塗りつけても楽しいですね。このへんのアイデアは皆さんのほうがお持ちでしょう。素敵な石窯の写真をお待ちしています。

ブロワーで炭を高温にする

では窯に火を入れましょう。

炭は白炭（備長炭）や黒炭、竹炭など色々ですが、火つきのよいのが黒炭で、火もちのよいのが白炭です。

炭を普通に燃やすと温度が高くならないので、ブロワー

〈横から見た図〉
この部分

⑩扉と本体の隙間を耐火セメントで埋める

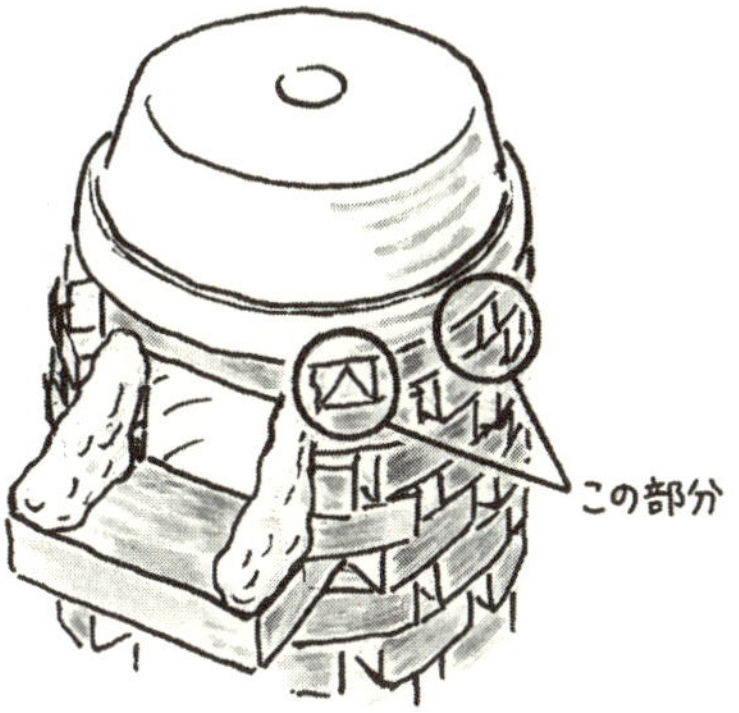
この部分

⑪本体に鉢をのせ、耐火セメントでレンガとの隙間を埋めていく

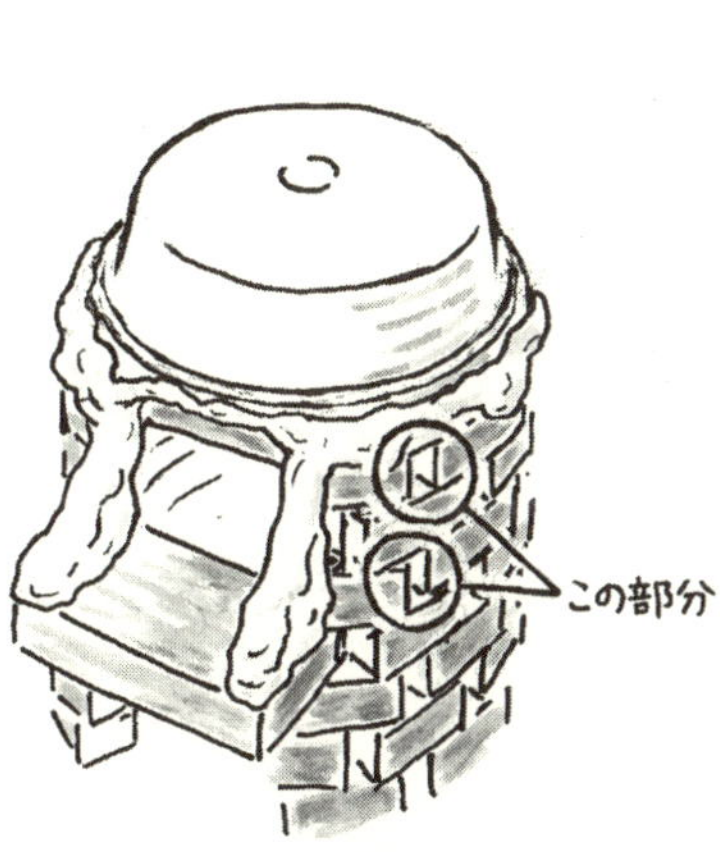
この部分

⑫レンガの隙間を同じように耐火セメントで埋めるとできあがり

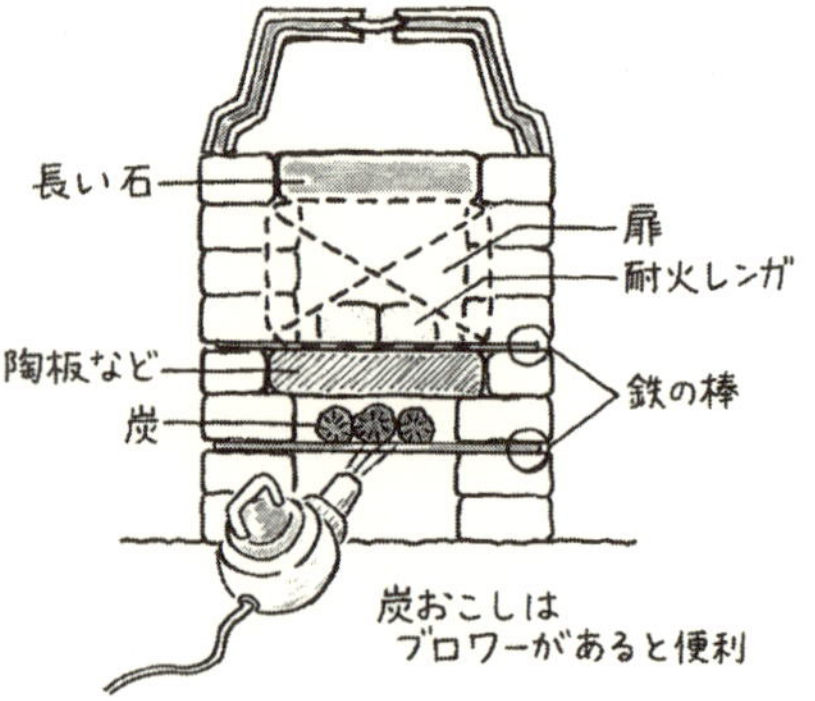

で吹いて温度を上げます。たちまち炭はカンカン真っ赤になって千度以上の高温になります。ブロワーは風が強いので、火が強くなりすぎないよう注意してください。

エアコンやコピー機についているシロッコファンという幅広い回転羽根を取り付けている人もいました。ゆるゆると一定した風を送ってくれるので、工作のできる方には、ブロワーよりこちらがお勧めです。

生地が焦げれば火が強い

火加減をみましょう。小麦粉を水で平たくこねたものを上板に置いてみてください。すぐ焦げるようなら炭の火を弱くします。下が焦げるようなら、耐火レンガを敷くか、陶板を重ねるなどして調節してください。

上火の効きが悪いようでしたら、もうしばらく炭を燃やします。窯の身体つきによって、火のまわり方や上と下の温度差など、個性が出てくることでしょう。

大地からこね上げる石窯

ここでは、粘土で窯をつくります。石でもレンガでも粘土でも、理屈はまったく同じですので、本書ではまとめて石窯と呼びます。

このタイプは、なにしろ相手が土ですので、童心に帰る愉しさがあります。

窯の土は、特別なものである必要はありません。石窯は農的生活の舞台装置なのですから、身の回りの土を活用しましょう。お百姓さんが畑と対話し、漁師が海と語りあうように、私たちも石窯をつくることで大地とゆっくり語りあえるようになります。

さまざまな形を工夫するのは皆さんにおまかせします。ここでは基本的なデザインとして、卵を縦に割って伏せた形の石窯をつくってみましょう。

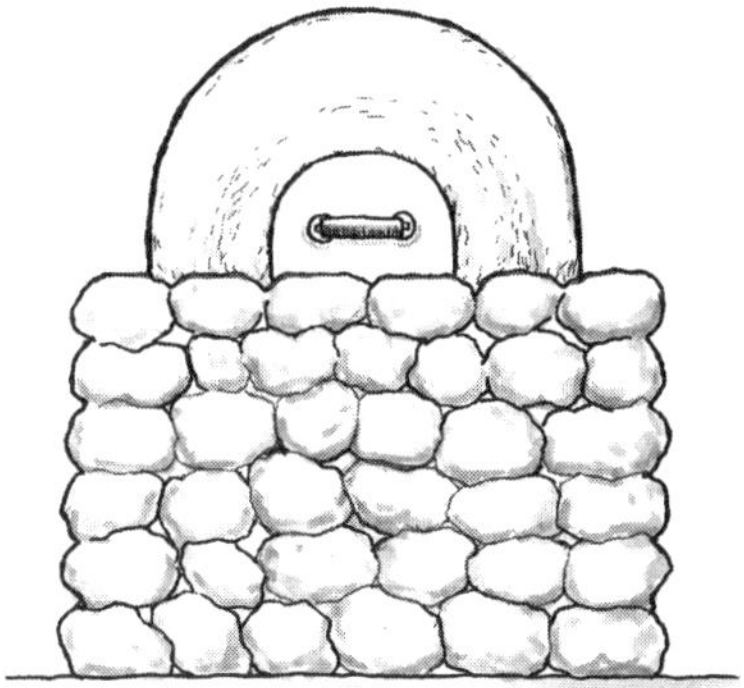

準備するもの

〈土づくり用〉

土、切りワラ、ビニールシートなど

〈土台・本体づくり用〉

石、レンガ、耐火セメント、角材、仮枠をつくる枝や竹など

〈扉用〉

木の枝、アルミ板、把手など

土の準備

石窯に向いた粘土を探す

まずは粘土を探します。表土は有機物が混じっていて使えませんから、地面を三〇センチ以上掘ってください。色でいうと、黒色ではなく黄色系です。その土を団子にして焚き火で焼いてみます。それを腰の高さから落として、割れなければ上等の粘土です。

逆に、どうしても火に弱かったり粘りが足りないこともあります。そのときは石灰や耐火セメントなどを混ぜましょう。そしてなにより地元の土については、地元のお年寄りに尋ねてください。土壁や土間、かまどなど、昔の人は土と生活していましたから、じつによくご存じです。

切りワラと水を混ぜて踏む

掘り出した土は、ビニールシートの上でふるいにかけて、大きなダマや石を除きます。量は、畳二枚に山盛りになるくらいでしょうか。そこに少しずつ水をかけ、長靴で踏んでこねる。これはなかなかの足腰の鍛錬になります。

一〇センチぐらいに切ったワラを土に混ぜて、また踏む。

土だけだと、乾いたときに収縮してひびが入るからです。ワラは土と同量ぐらい混ぜたほうがよいでしょう。ワラがなければ古い畳をほぐして混ぜてもよいです。古い土蔵の壁土をもらえれば、これは熟成した最高の土です。縄を切ってもいいです。

土はゆるめにこねておきます。こねやすいし、塗りつけるときにボロボロになりません。

土を醗酵させる

踏んでこねた土は、ビニールシートで包んで、できれば一カ月ほど寝かせます。やがてワラの醗酵した匂いとともに、土に粘りが出てきます。パン屋という商売柄、醗酵とは毎日つきあってきましたが、土も醗酵させて使うのだとはじめて知りました。

土台をつくる

土台は好きな素材で

土台→扉→本体の順に石窯をつくる、と覚えてください。素材はレンガ、セメント、石積みと、お好きにどうぞ。ブロ

コラム

土探しのおもしろさ

伝統的な炭焼き窯は、地元の粘土でつくります。粘土は、山の中を鉱脈のように走っています。その脈のありかは、私のようなよそ者にはわかりません。貴重なものゆえ、土の場所をお年寄りに尋ねても、さり気なく話題を変えて畑に行ってしまうのです。

私は焦らずに機会をうかがいました。そしてある晩、酒の席でポロリと情報を聞き出したのです。土の脈は、峠の林道のはずれにあるのだと。

東京からの応援をトラックの荷台に乗せ、真夜中に現場へ向かい、とうとう粘土を発見。ヘッドライトを頼りに、物も言わずツルハシを振りました。

こだわりのパン屋になるには、ここまでする必要があった、というのは嘘ですが、なにかとても悪いことをしているような、臨場感あふれる暗夜行路でした。土のうを満載したトラックで、朝日の輝くなかを重々しく凱旋し、生まれてはじめて土を有難いと思いました。あれ以来、崖を見るたびに私の目は皿になるのです。

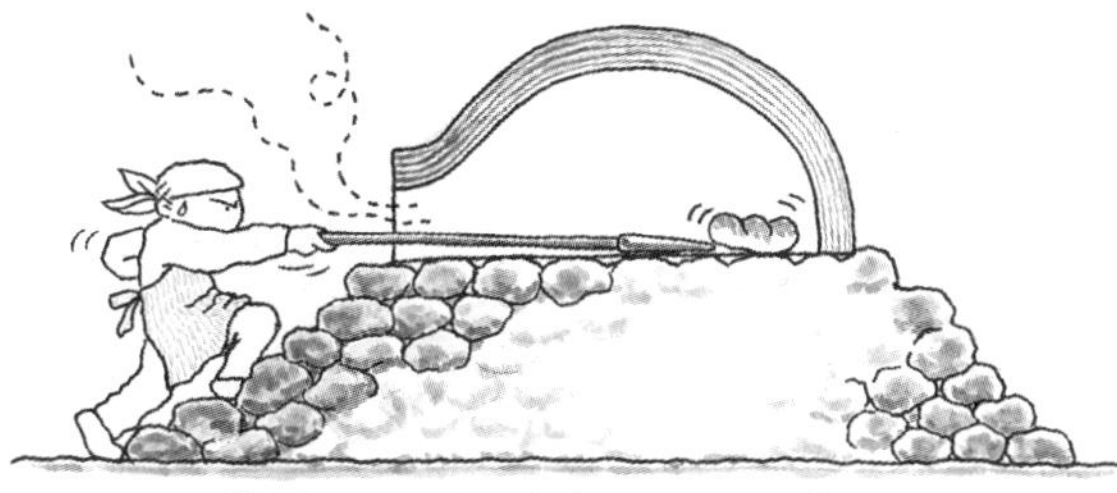

扉のある面の土台は、裾広がりにすると使いにくい

ックで外枠をつくるなら、内側は砂でも土でも石でもよいのですが、湿っていると断熱効果に差し支えますから、雨に注意してよく乾燥させてください。砂や土は土のうに詰めて積めば、つくり直しで土台を解体するときにも便利です。

私のはじめての石窯の土台は、ブロックでつくりましたが、これは、しみじみと味気ないものでした。ブロックの無機的な質感もさることながら、この土台が「石窯本体を支える」というひとつの役割しかしていないことが物足りなかったのです。

裾広がりは使いにくい

そこで二台目の石窯は、近所の山から小豆色の鉄平石を大量に持って来て土台をつくりました。これなら子供が登って遊べます。雨にあたればしっとり光ってまことに風情があります。

ついでに貫禄も出そうと裾広がりの野石積みにしたのですが、扉のある面まで裾広がりにしたのは失敗でした。料理の出し入れの際、扉が遠くなってしまって使いにくくなったのです（上図）。せめて扉のある手前の面だけは、垂直にしておくべきでした。

ロックガーデンやログハウスも

石の土台にするならば、ロックガーデンもつくれます。大きな石の隙間に土をひと握り詰めて、種をまきましょう。お花畑の石窯で気分はアルプス。一万尺まで煙よ届け、てなもんです。

カナダの石窯は、丸太をログハウスみたいに組んで土台にしていました。沖縄でつくった窯は、電線を巻く直径一メートルのリールを四つ並べて木枠で固定し

薪がしまえるタイプ

丸太でつくった石窯

て土台としました。

土台が中空になっていて、薪がしまえるタイプもあります。ドームの重みは周辺にかかるので、アーチにすれば構造的には問題ありません。コンクリートの一枚板（スラブ）をつくって床板にもできます。木で型枠をつくってコンクリを流し込むわけですが、スラブには必ず鉄筋を入れること。

身長に合わせて高さを決める

土台の高さ、焼き床の高さが、使う人のわきの下よりちょっと低くなるくらいがよいのです。くれぐれも低くしすぎないこと。石窯の奥のものを取るときに、腰が曲がって疲れます。要するに、誰の身長に合わせるか、ということですね。

土台づくりの基本

まず、ぐるりと輪郭をなぞるように石を一段並べ、中に土のうを積みます。

大きな石の隙間に泥を詰めながら二段目の石を積み、同じように土のうを敷く。これを繰り返して、わきの下の高さまで積み上げたら、細かな砂利をのせます。

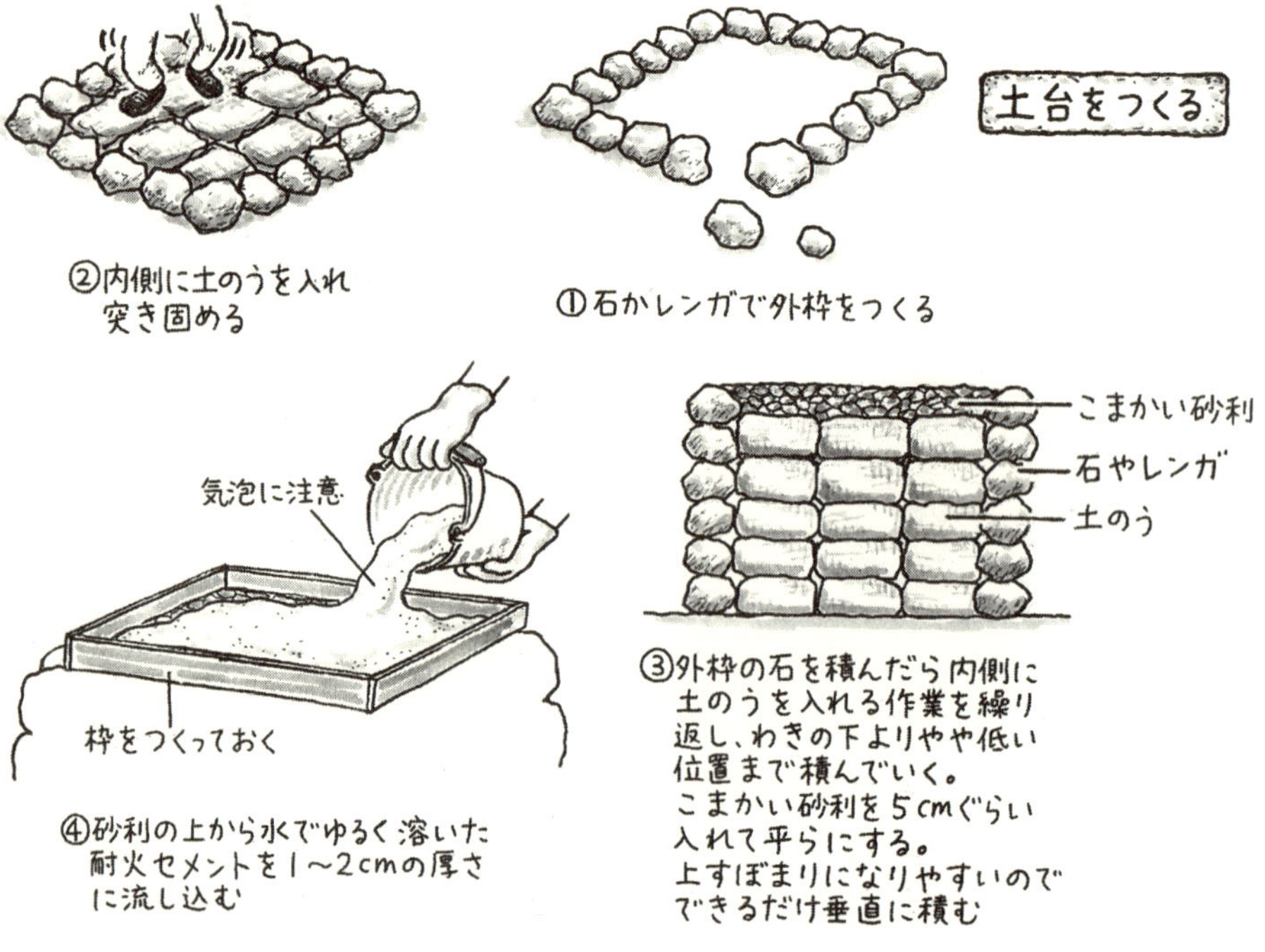
土台をつくる
①石かレンガで外枠をつくる
②内側に土のうを入れ突き固める
こまかい砂利
石やレンガ
土のう
③外枠の石を積んだら内側に土のうを入れる作業を繰り返し、わきの下よりやや低い位置まで積んでいく。こまかい砂利を5cmぐらい入れて平らにする。上すぼまりになりやすいのでできるだけ垂直に積む
気泡に注意
枠をつくっておく
④砂利の上から水でゆるく溶いた耐火セメントを1～2cmの厚さに流し込む

レンガで土台を積むなら、基本についてはPart3を参照してください。

小刻みに動かすのがコツ

⑤角材で表面を平らにならす

てっぺんを平らにならす

土台の表面は、凸凹があると不便です。積み上げた土台のてっぺんは、耐火セメントを水でゆるく溶いて流し入れ、長い角材ですっとならして、平らに仕上げます。

扉をつくる

扉は隙間ができないように

ここでは木の扉をつくります。

扉のポイントは、閉めたときに隙間ができないこと。とにかく熱を逃がしてはいけません。形はお好きなように。把手も工夫すれば楽しいですね。

扉の内側には熱で焦げないようにアルミ板など打ち付ければベターですが、なくても構いません。

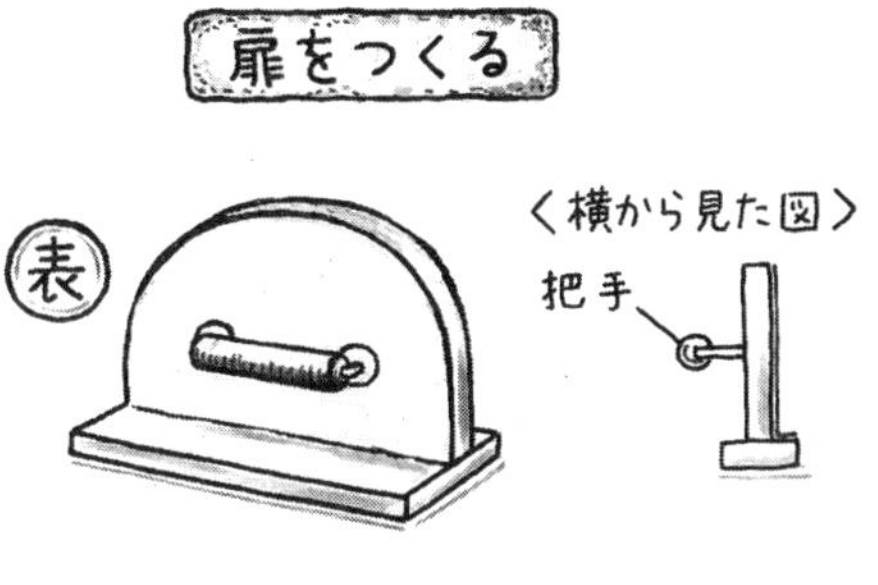
扉をつくる
表
〈横から見た図〉
把手
裏
アルミ板の裏打ち

⑥木の板で扉をつくる。倒れないよう前後に支えをつけた形がよい。

本体をつくる

天井の高さを決める

石窯の天井は低いほど少ない薪で熱くなりますが、逆に熱が少しオーバーしただけで、上火が強くなってしまいます。

そこで、四〇センチから四五センチくらいの高い天井をおすすめします。肉料理や燻製をじゃんじゃんつくりたいなら、五〇センチ近くあってもよいと思います。天井から鉄の鉤などぶら下げれば、石窯の中で肉でも腸詰めでも吊せます。少し贅沢に熱を蓄えさせて、余裕をもって窯を動かすのです。いわゆる強火の遠火の極意に通じるものがありますね。

枝や竹で骨組みを編む

窯の内径にあわせて、枝や竹で本体の仮枠をつくります。その外側に土を厚く塗り、最後に窯に火を入れてこの仮枠は燃やしてしまいます。

まず、柳やアジサイなど、細くてしなる枝を用意して、これを籠のように編んでいきます。ただし、上に土を塗りたくるのですから、それなりの重さに耐えなくてはなりません。竹細工の心得がある方なら、竹でどうぞ。陶芸の登り窯は、竹を大量に使って巨大な窯の骨にしています。

自分の好きな形に、紐で縛りながら編んでいきます。窯の形は球形、かまぼこ型、角型があります（71ページに詳しく解説）が、ここではシンプルにイラストのような形にしましょう。先に底辺の形を決めてから、アーチをつくり上げていきます。目の粗いザルを編む気分です。

天井は土を厚く

次は土塗り。これは楽しい作業です。寝かせておいた土を、枠の上からコテやら素手やらで塗りたくる。窯の下のほうから大ざっぱに盛大に、それでいて隙間ができないように念入りにつくります。

まずは厚さ五センチぐらい均等に塗ったら乾燥させます。熱が一番まわる天井部分の厚さは、乾燥したらもう少し塗り足して十センチくらいにしてもよいでしょう。

気をつけたいのは作業途中、雨にあてないこと。運悪く降りだしたら、シートやトタンの渡板をかけること。

厚さは様子をみながら

土を厚く塗るほど、蓄えられる熱が多くなるので、熱の持続も長くなります。しかし薪などの燃料もたくさん必要になるわけです。逆に薄い壁ほど、すぐ熱くなるかわりに冷えやすい。

この具合は、土の性格やまわりの断熱の具合などで違ってきますから、まずは薄めに窯をつくって、使いながら様子をみてだんだん厚くすることです。窯を手塩にかけて育

本体をつくる

⑦図のような木枠をつくる。
木の枝をしならせて円を
つくり、その中に木の枝で
井桁を組む

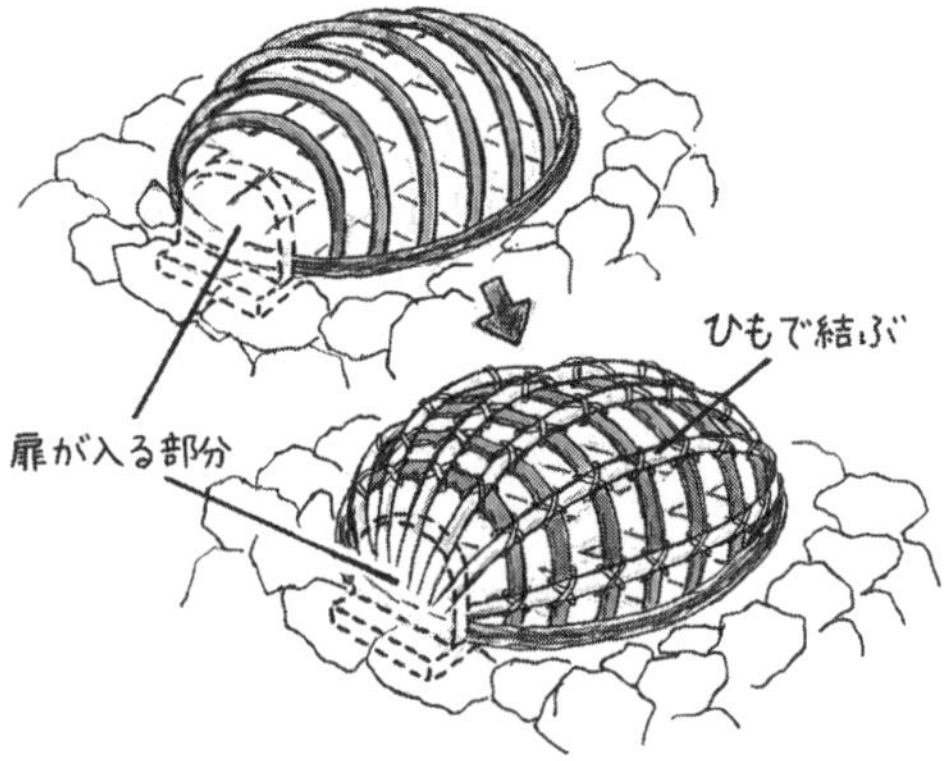

⑧木の枝でドーム状の仮枠を組む

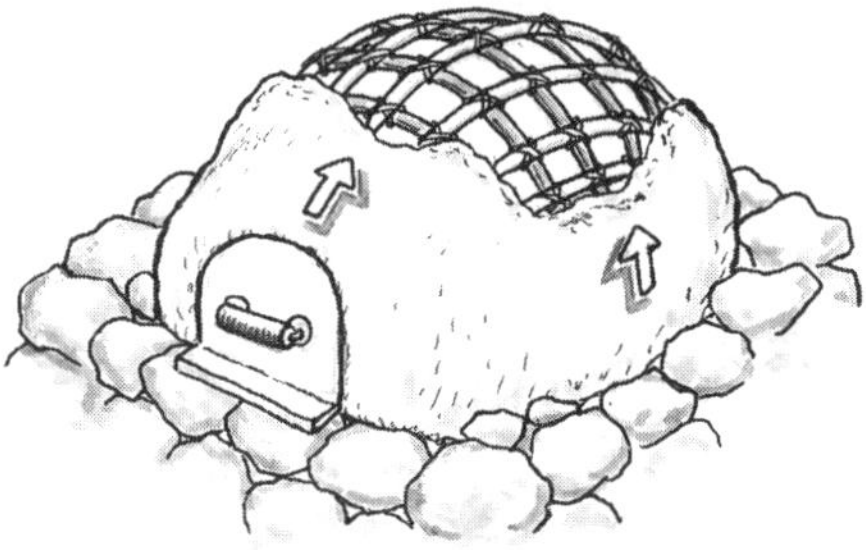

⑨土を下から塗っていく。厚さは
5cmくらいに均等に。乾燥し
たら天井部分は10cmくらいまで
塗り足してもよい。扉周辺は
隙間ができないよう入念に。
土が乾き切らないうちに扉位置
をきっちり決めること

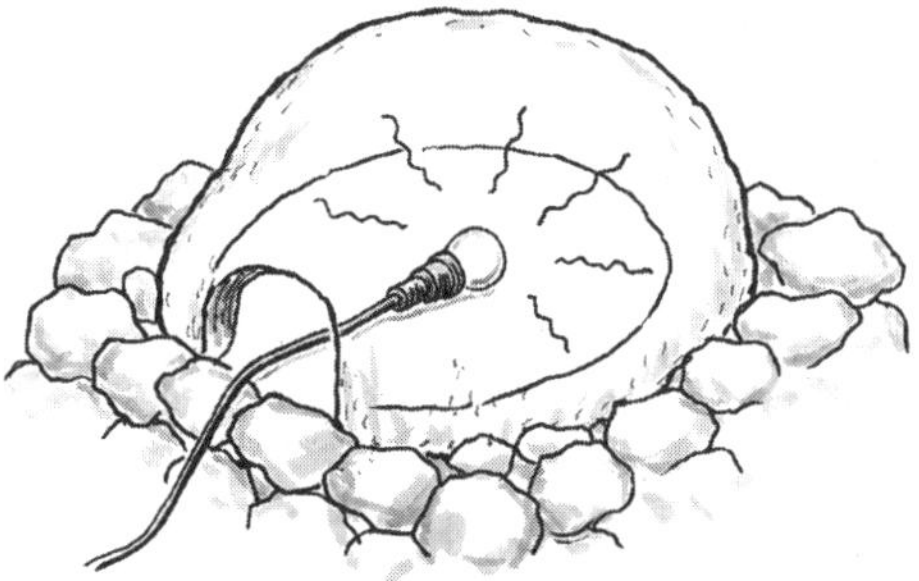

⑩自然乾燥させる。冬場など乾き
にくいときは、ヒヨコ電球や七輪
などでゆっくり窯の中を温めて乾かす

⑪様子をみながら火入れを行なう

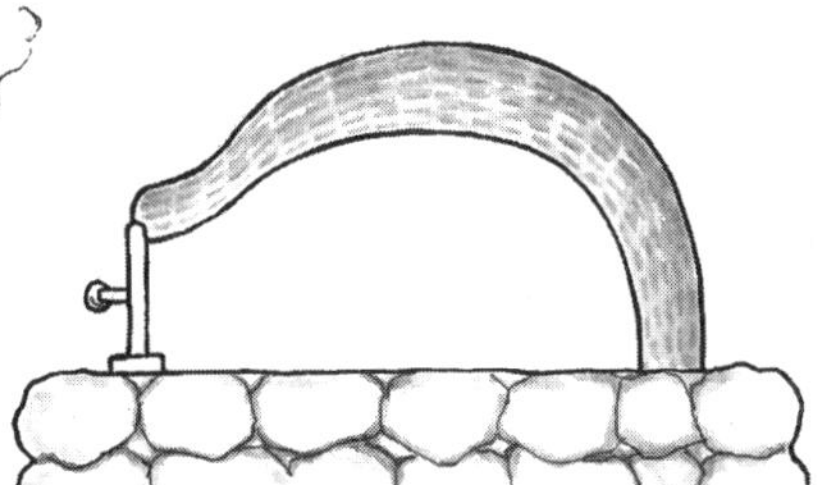

⑫完成

てるのです。

自然乾燥でヒビ割れをチェック

できあがった本体は自然乾燥させます。乾くに従ってヒビが入ってきます。セメントやワラが少ない場合も、割れ目がひどくなります。毎日チェックして、ヒビを見つけたらすぐに手入れをしましょう。粘土にセメントを多めに混ぜて水でトロトロに溶いたものを、割れ目に流し込みます。

夏の暑い日は、急に乾燥して収縮がきつくなり、本体にダメージを与えるので、場合によっては、軽く水を打ちながらゆっくり乾燥させたいものです。逆に、寒くて乾きにくいときは、ヒヨコ電球(ヒナを育てるのに使う温かい電球)をつけて、窯の中で転がしておきます。七輪に炭を少し入れて温める方法もあります。

火入れ・断熱

まずはゆっくり水蒸気を出す

窯が乾いたら火を入れます。いよいよ石窯が息を始める瞬間です。

細い枯れ枝のかたまりを窯の奥に入れます。新聞紙を丸めたトーチに火をつけて、これを少しずつ燃やして様子をみます。

シューッと白い煙が出てきますか? それは水蒸気です。焦らず、少しずつ、燃やしながら窯の水分をしぼり出すようにします。

身体のできあがっていない窯を急いで乾かすと、急な変化に耐えられずに壊れてしまうこともあります。何回か火を燃やしたり、消したりして様子をうかがいます。石窯との対話です。これを繰り返すうちに、骨組みに使った木枠は燃えてなくなります。

火を強くして窯の身体をつくる

少しずつ枯れ枝を燃やすうちに、やがて水蒸気が出なくなります。外側にヒビが出てくるので、粘土とセメントを混ぜて水で溶いたもので丁寧に埋めながら、だんだん火を強くしていきます。こうして石窯の身体ができてくるのです。このあたりの作業は、レンガでつくる場合も同じです。

石窯は、つくって育てる生き物です。末永いつきあいを祈って、船出のシャンパンとまいりましょうか。

空缶をくっつけて断熱

火入れがすんだら、外側を断熱します。窯の周囲をレンガなどの塀で囲んで砂や灰などの断熱材で埋めるというのがオーソドックスな方法ですが、それは次章にまわし、ここでは手軽な方法を紹介します。

断熱というのは、空気を抱え込んだ部分をつくることですから、身近な素材を使って石窯のまわりに空気の層をつくればいいのです。たとえば空き缶を大量にくっつける。空き缶の隙間に土を埋めてできあがり。さらに、古くなったヨシズを切って土に混ぜれば、ヨシズの空洞もまた断熱効果をもたらしてくれます。

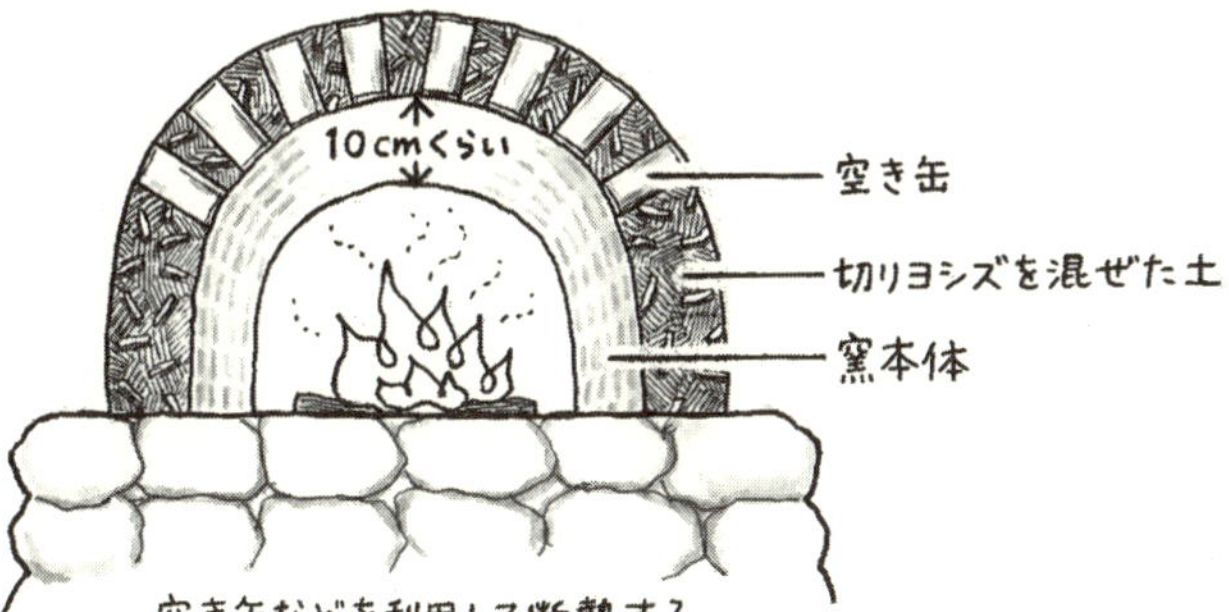
10cmくらい
空き缶
切りヨシズを混ぜた土
窯本体
空き缶などを利用して断熱する

いよいよ料理だ

空気の流れをつくる

では、できあがった石窯で料理をしましょう。

はじめから薪を奥に突っ込むと、思うように燃えてくれないときがあります。空気の流れができていないからです。うまく空気が流れてこそ薪は燃えてくれます。中の古い空気を吐き出す力で新鮮な空気を引き込んで、薪を燃やす。石窯の燃え方は「引きが肝腎」なのです。

薪をじりじりと奥へ移動

まずはじめに、窯の口のあたりで細い枝を燃やして、空気が外に出ていく流れをつくります。火に勢いがついたら、少しずつ薪の燃え

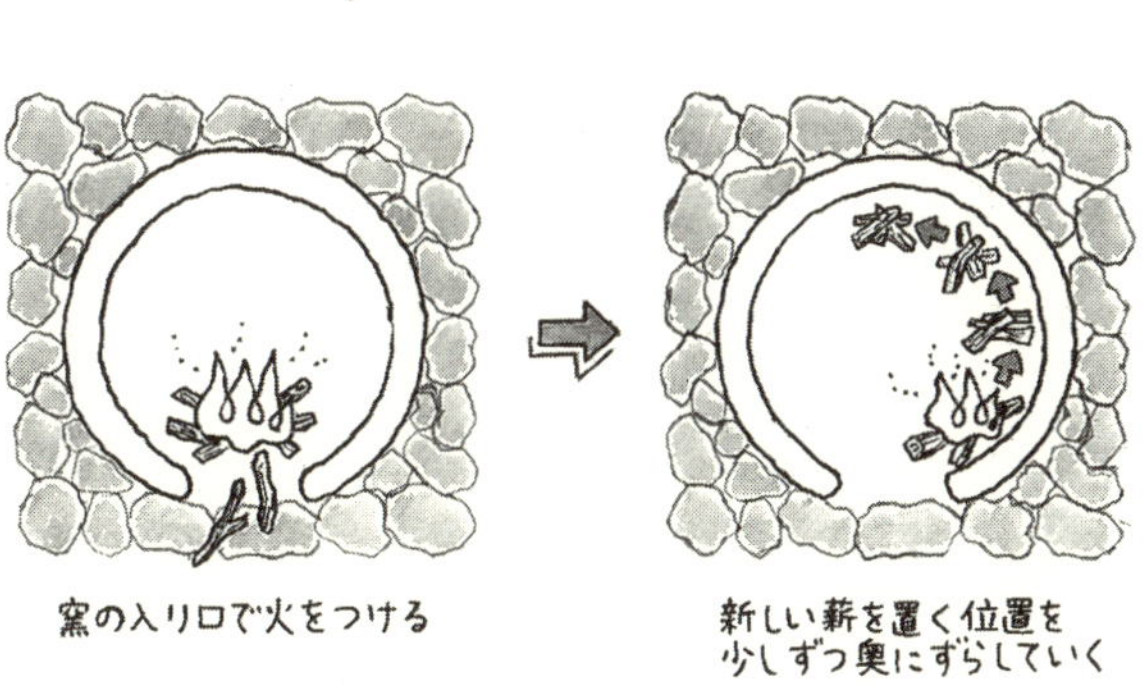
窯の入り口で火をつける

新しい薪を置く位置を少しずつ奥にずらしていく

場所を奥へ奥へ、じりじりと押し込んでいきます。このとき燃えている薪を押すと気流が乱れやすいので、新しい薪を少しずつ奥に置いていくようにして、火を移動させます。窯の内壁のどちらかに沿って火を移動させると、途中で火が消えることなくスムーズにいきます。

窯の奥で炎の様子をみる

火が窯の奥に来たら、しばらくそこで燃やし続けます。窯や薪が湿っていると不完全燃焼になって、青白い鬼火みたいなのがユラユラ中空を漂ったりします。調子よく燃えていても、なにかの拍子で突然くすぶってしまうこともあります。煙ばかりで炎の見えない状態です。

そんなときに焦って薪をいじくると、空気の流れがよけい乱れて、もっと燃えにくくなります。じっと一〇分ぐらいようすを見るのが賢明です。

逆に、炎が窯の奥から一直線に外まで伸びてくるときは、燃やしすぎです。薪を散らすなどして火を抑えます。

煤が消えれば熱さ充分

はじめは煙の煤が窯の内側を真っ黒に塗りつぶすのですが、やがてさらに窯の温度が上がると、その煤が燃えて消えます。これが「煤切れ」という状態です。だいたいこのとき窯の内側の表面温度は六〇〇度ぐらい。窯の温度は二〇〇度を超えています。頃合になった目安です。

このまま内側をまんべんなく煤切れ状態にします。とくに手前のほうは温度が低いので、念入りに熱くします。

熾き火で下も熱くする

仕上げに、熾き火を石窯の床全体に散らして下を熱くします。熾き火は、見た目は地味な燃え方をしますが、その

コラム　石窯にマニュアルはありません

ピザを焼くときは、頃合をみて灰を掻き出します。この「頃合」とやらを見定めるには、少々の勘と経験が必要です。なにしろ石窯には温度のデジタル表示などありませんから、自分で温度の察しをつけるしかないのです。

私は石窯をつくったばかりの頃、不安だったので、三万円も払ってパイロメーターという特殊な温度計を石窯に

つけました。しかし、じきにばかばかしくなってやめました。石窯に温度計をつけるぐらいなら、はじめからデジタルの電気オーブンにすればよいのです。

そもそも石窯をつくった理由のひとつには、「勘で勝負するしかない潔さ」というのがありました。普通はパン屋に入れば「ナニナニパンの焼き方は、はじめに上火と下火ともに二三五度で一二分、さらに上火を二二〇度に落として七分」などと教えられます。その通り焼けば、おサルでも月給がもらえるのです。

しかし石窯には、マニュアルはありません。薪の乾き具合、薪の種類（桜とケヤキでは火力が違う）、窯の調子（休み明けの窯は少々ボケている）、気温、湿度、風の向き、パンの量、パンの種類、醗酵の具合、そんなこんなのデータを頭に入れて、あとの進行は勘で舵を取るしかないのです。

この勘を研ぎすます作業は、現代では見事に枯れつつあります。時代は、ますますデジタル化が進み、風呂の湯加減も米の炊き具合も、すでにマイコンの独壇場です。いずれコンピュータつきの冷蔵庫が登場して、残った食べ物の残高とスーパーの安売り情報と銀行口座の残高とユーザーの栄養状態をオンラインで分析し、最適のメニューを指示する、なんて時代になるでしょう。

だからこそ、勘で勝負する石窯なのです。焼き床の奥深くでゆらめく炎と対話して、奪われつつある五感を取り戻そうではありませんか。まだ遅くはないのです！

石窯は大らかに使いたい

えー、気合を入れたそばから矛盾したことをいうようですが、石窯を使うときぐらい、少しぐらい温度がズレてもいいじゃないかアハハ、とも思います。石窯のような本来、大らかなものに、温度計をつけて厳密に管理しようとするのは、その意味でもやはり間違えているのではないかと。

私はパン屋という商売ベースで石窯とつき合ってしまったため、神経を使い過ぎました。窯に薪をくべながら、「燃やしすぎかな」「まだ足りないかな」の悩みを繰り返すわけです。温度が熱すぎてパンが焦げたり、逆に温度が足りなくて、デロリンマンになったパンも数知れず。そのつど顔をひきつらせて、「東京のパン屋で使っていた電気窯はよかったなあ」と溜め息をついたものでした。

もちろん本気で後悔などしませんでしたが、石窯ひとつでメシを食った経験からいえることは、「石窯は、商売で忙しく使ったらもったいない。のんびり豊かな農的生活のパートナーとしたほうがずっと楽しい」ということです。

熱量はかなりのものです。じっくり燃やしましょう。

床が充分熱くなったら、このあたりでピザの準備です。他の料理は火を消してから輻射熱だけで料理するのですが、ピザのように粉を平べったく伸ばした料理は、扉を開けたままで薪を燃やしながら焼きます（114ページ、128ページに詳しいつくり方を掲載しました）。

ピザが焦げればモップを使う

まず火掻き棒を使って、焼き床に散らした熾き火と燃えている薪を左右どちらかへ寄せます。薪の火が消えると窯の温度が下がってしまうし、火が強すぎるとピザが焦げます。火加減が勝負どころ。

ピザの生地を窯に入れてみましょう。下が焦げるようなら、いったん生地を出してから、濡らしたモップで一、二回焼き床を拭くと下火がマイルドになります。

慣れないうちは、生地を薄く伸ばせないので、厚目になりがちです。最初に生地だけ軽く焼いて取り出し、あらためてトッピングをのせて焼き上げれば、生地に火が通ります。

蒸発の様子で温度をチェック

ピザ焼きに時間がかかって温度が下がったようなら、もう一度薪を足します。温度が復活したら熾き火や灰を掻き出し、濡れたモップでまた綺麗に拭き取ります。

さてこのとき、モップをかけた瞬間に水がサッと蒸発しますが、この蒸発の様子で焼き床の温度を察するのです。たとえば、パンを焼くには、たっぷり濡れたモップで一往復すると、約一秒で水が消えてなくなるくらいがよい、といった具合です。

これは料理によっても、窯によっても異なります。自分で微妙な違いを極めて目安をみつけてください。

Part 3

本格的な石窯をつくる

自由きままな石窯を

使いやすくて愛せる形を求めて

職場の昼下がり。退屈な会議で寝たふりをしながら石窯のアイデアを練り、夜更けに鉛筆をなめてスケッチを重ねる。夢をデザインする楽しさよ！　予算や場所は限られていても、頭の中は無限です。

ここでは、本格的な石窯をつくります。そのデザインに、どれが最上という黄金律はありません。

石窯は、朝に夕に眺めては語りあう相手です。それでいて、なにしろ堅物ですから、一度つくってしまうとゼロから直すのは難儀です。融通がきかないのです。そういう家族が一人ふえるのだと思ってください。

だからこそ、つきあいやすくて愛しさの湧くデザインであってほしい。もっとも、一度つくってしまえばおのずと愛情がわいてくるものです。「なんたってウチの窯が一番よ」というのが、石窯オーナーの皆さんの天真爛漫な決まり文句です。

とはいえ、これまでの日本の石窯は、コピーみたいなものが多くて、失礼ながらおもしろくないのです。外国の文化を取り入れながら、トンカツやアンパンやラーメンといった傑作を産み続けた日本の文化を、石窯でも発揮しようではありませんか。無難の継承では新しい文化を産みません。皆さまにおかれましては、ぜひとも新しい石窯文化のフロンティアを拓いていただきたいと切に願うものです。

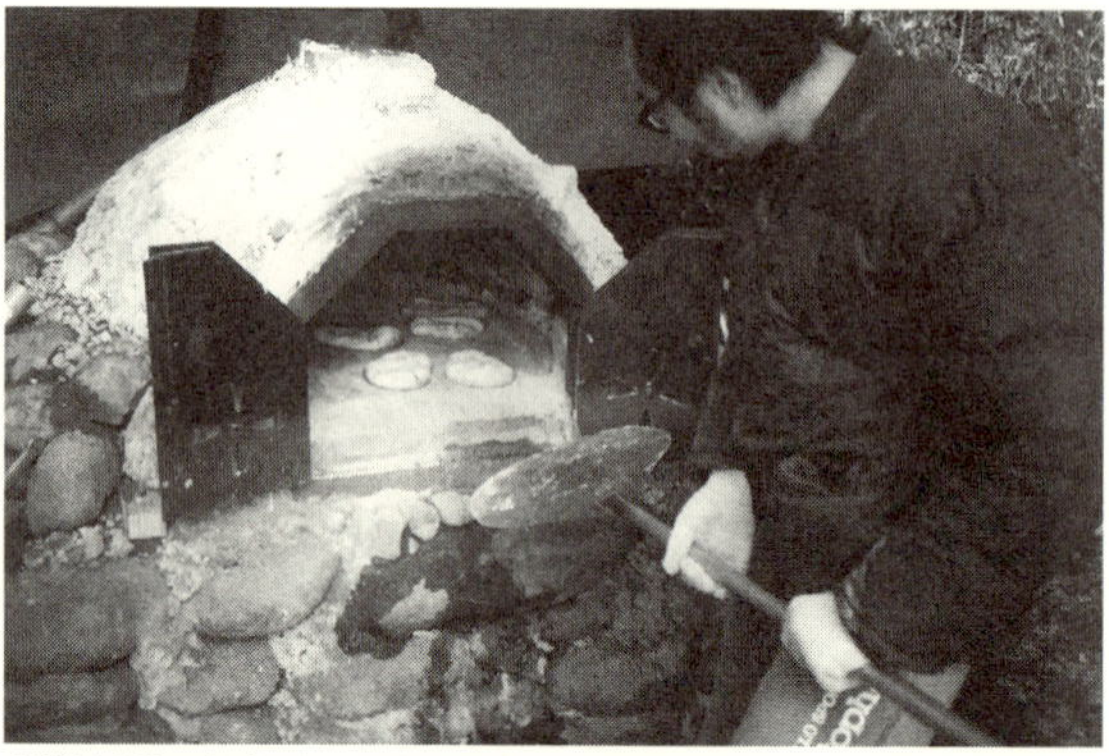

倉渕村「草の実酵房」の石窯は、丈夫で可愛い球形

石窯の夢のデザイン

今、改めて石窯をデザインした頃のスケッチブックを眺

めると、変てこな石窯を夢みている様子が偲ばれて懐かしくなります。

　下図右は、なにか手のようなものが突き出していますが、窯の熱を伝えるホットプレートを意図しました。下図左は下で焚いた熱が、三つの燃焼室を温めるという案、それぞれに温度が違っておもしろいかと考えたわけです。熱いところで肉を焼き、低温のところでケーキを焼くという具合。

駄目なら笑ってつくり直そう

　結局、あれこれ変わり種を考えながら、無難な形に落ちついてしまったのは、パン屋という職業柄、

もしも失敗してとんでもない窯になったら商売にならぬ、とおそれたからです。冒険して遊ぶ心の余裕がなかったのですね。
　でも、読者のみなさんは、そんな時間や効率に縛られずにアッと驚く石窯をデザインしてください。駄目なら笑ってつくり直せばよいのです。陶芸家や炭焼き職人は、納得いくまで何度でも窯づくりをします。それがまた楽しいのです。
　何もないところから形を生み出す道のりをゆっくり味わってください。

石窯の形を考える

●球形——丈夫で、人間味あふれる形

　球形は、可愛らしいだけでなく、構造がひじょうに丈夫です。上に断熱用の砂を数十トンのせたまま、何百年もたたずんでいる石窯も珍しくありません。レンガのひとつふたつが虫歯みたいに抜け落ちようとも悠然としたものです。

　焼き床の形も円いので、四角い鉄板（天板）を入れると空間に無駄が出たり、熾き火や灰を掻き出すのが面倒なときもあります。

　それでも私は、その直線的に割りきれないところが好き

です。機械のオーブンにはない人間味を感じるのです。

●カマボコ型──スペースに無駄がない

球形に比べると、カマボコ型は底面が四角ですから食パンの型、あるいは鉄板などを並べる時にスペースに無駄がなくてよろしい。神戸の老舗のパン屋さんの石窯はこの形です。地下の工房には半世紀を越えた石窯が、機関車のように黒々とふたつ並んでいました。その扉から黄金色に輝く食パンが焼き出てくる光景の、じつに荘厳であったこと。

●角型──ムラが出るのもおもしろい

鉄骨で枠を組んで耐火レンガなどの蓄熱材を組み込み、外側を断熱するもの。オーブンに近い外見です。私はこの石窯にベトナムで出会いました。見事に質のそろったバゲットが、次から次へと焼きあがるのです。

調理する場所と火を焚く場所が別になっていて、下から上に熱を通すのが、この窯の原理です。壁はあまり厚くする必要はないけれど、そのぶん火の勢いの強弱がそのまま窯の温度に影響しやすいので、熱の回りにムラが出やすいかもしれません。

でも、プロが使う業務用のオーブンでさえムラはあるものですし、それを癖として付き合えば、またおもしろいものです。「この窯は焼けムラがある」などといわずに、「置く場所によって、微妙に焼け具合にバリエーションが出るんですよ」とニッコリ自慢なさればよろしい。石窯のオーナーなんて、そんな方ばかりですって。

このタイプの石窯は、重いものを支えるのですから、枠をしっかりつくらなければなりません。また鉄枠と蓄熱材とでは熱くなったときの膨張率が違います。鉄のほうが伸び縮みが激しいのです。その分の違いを計算して隙間に余裕をとらないと、あとで歪みが出てきます。焼き床は、鉄骨を梁のように並べたところに、鉄板なり耐火レンガを並べて下火の効き具合を調整します。

ミニチュアで煙の流れをチェック

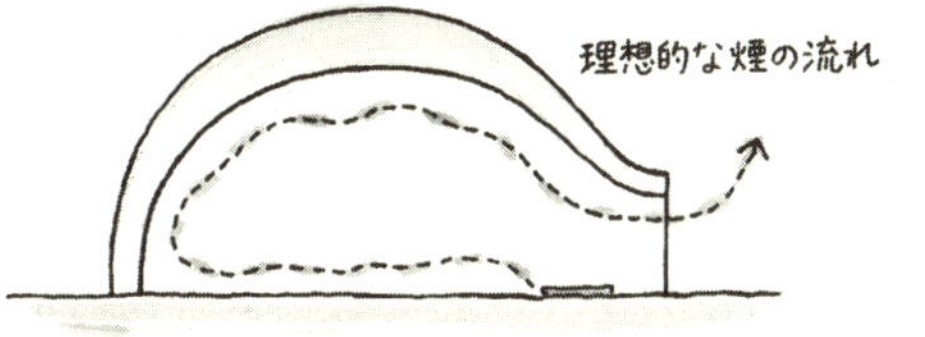
理想的な煙の流れ

焼き床の形

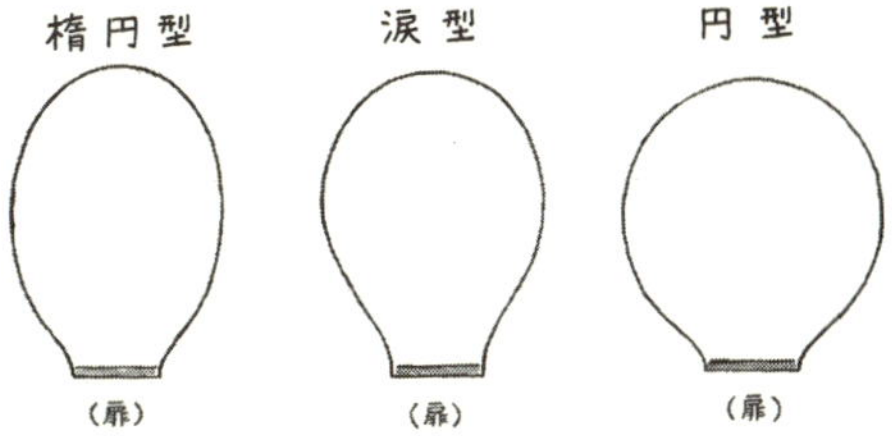
楕円型
涙型
円型
(扉)
(扉)
(扉)

焼き床の形

円か楕円か、涙型か?

ぐるりと円い焼き床は、薪を燃やしやすく、まったりとムラなく窯が熱くなります。ただし、左右手前のスペースが死角になりやすく、焼いたパンが翌日炭となって発見される悲劇もしばしばでした。

　そこで、窯の底面をやや引き伸ばして楕円にする。あるいは涙型というのでしょうか、口をつぼめた形も考えられます。涙型だと、焼き床が入り口から離れてやや奥になるので、保温性もよいかもしれません。ただし涙型は、薪を燃やすときに窯の奥までうまく空気を引いてくれるかどうかが心配です。曲線の微妙な具合によって、空気の流れは大きく変わるのです。

　ユニークな形の石窯にチャレンジするなら、粘土のミニチュアをつくることをお勧めします。ミニチュアの奥や入り口に線香を置いて、煙の流れをチェックしてください。上図のように、煙が入り口の下から這うように流れ込み、奥まで届いてから天井面を舐めるようにして出てくればOKです。

天井の高さと形

低い天井は火加減がむずかしい

石窯の天井は、低いほど少ない薪でも上火が効きますが、逆に熱の加減がちょっとオーバーしただけで、上火が強くなってしまいます。ケーキやクッキーのように砂糖の入ったものは、哀れ黒焼きです。慣れない方には、こちらのマイナスのほうが大きいでしょう。

　食パンなどは生地の調子がよいと窯のなかでグーンと背が伸びるのですが、それが仇になって頭が焦げることもあります。低い天井は火加減の調整がむずかしいのです。

天井が高いと、料理がぐんと楽しめる

　そこで、思いきって四〇センチから四五センチぐらいの、高い天井をお勧めします。肉料理や燻製をじゃんじゃんつ

くりたいなら、五〇センチ近くの天井高でもよいでしょう。天井から鉄の鉤などをぶら下げれば、窯の中で肉でも腸詰でも吊るせますから、ローストや燻製をつくるときに便利です。中国でも、天井の高い石窯で鶏をローストしています。

曲率を考える

ドーム型やカマボコ型の場合、曲率が小さすぎて扁平になると、上からの過重に弱くなります。逆に曲率をあまり大きくしすぎても熱の流れがつかえてしまいがちです。参考までに、神奈川の「草の実酵房」の設計図（次ページ）をご覧ください。

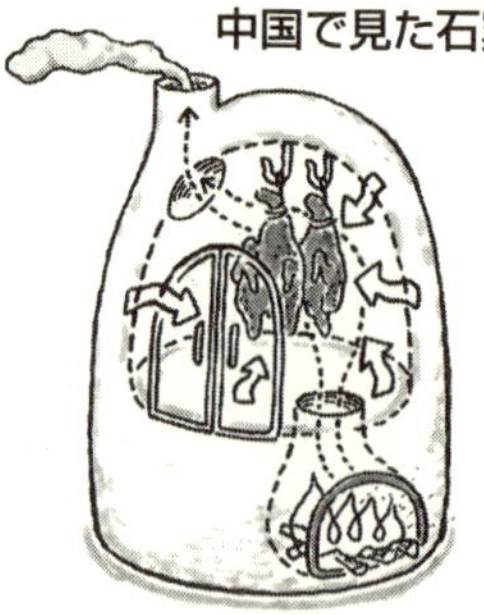
中国で見た石窯

アフリカの写真に、背高のっぽの石窯がありました。これほど尖った曲率のものもあるのですね。まわりにいるのは、スラリと手足の長い、これまたスタイル抜群な人たちでした。石窯をつくる人は、無意識のうちに自分に似せてつくるのかもしれません。石窯が他人と思えないのは、そのせいでしょうか。

アフリカの石窯

レンガで積む石窯をつくる

ここからは、本格的なレンガ積みの石窯のつくり方を紹介します。基本的な事項は、Ｐａｒｔ2の石窯と同じです。

皆さんの遊び心を邪魔しないように、基本だけをお伝えします。

1　石窯の場所を決める

軟弱な地盤には土間コンクリートを打つ

石窯は地盤の固いところにつくりましょう。

これからつくるレンガの石窯は、かなり重いものです。耐火レンガはひとつ二キロ。これを仮に三〇〇個使うとして六〇〇キロ。さらに断熱用の砂が、一立方メートルあたり約一トン半のものを三立方メートル盛れば四トン半。そこに囲みのレンガ、土台と全部加えると、場合によっては一〇トンを超える重みが三メートル四方たらずの面積にかかります。

田んぼの埋めたて地や水が湧くところ、緩い斜面などの軟弱な地盤に石窯をつくるなら、最初に土間コンクリートを打つべきでしょう。地面を一〇センチ以上掘り下げて、地面と水平になるまで砂利を敷き、タコなどで突き固めてコンクリートを流します。

正面から風が吹き込まないようにする

屋外につくるなら、風向きもチェックします。一番まずいのは、窯の入口正面から風が吹き込むパターンです。風が吹きこめば炎がよく燃えそうですが、じっさいには風前の灯の状態になります。どうしても風と向かい合うようでしたら、風除けの工夫が必要です。

真横から風が吹く場合は、逆に炎を引き出してくれるので、燃えやすくなります。もっとも、風というのはすぐに向きが変わりますから、いずれにしても風除けは必要です。

周囲に広いスペースが必要

窯の周囲にできるだけ広いスペースがとれる場所を選びましょう。まわりに薪の置き場、道具の置き場、掻き出した熾き火や熱い灰を一時的に置

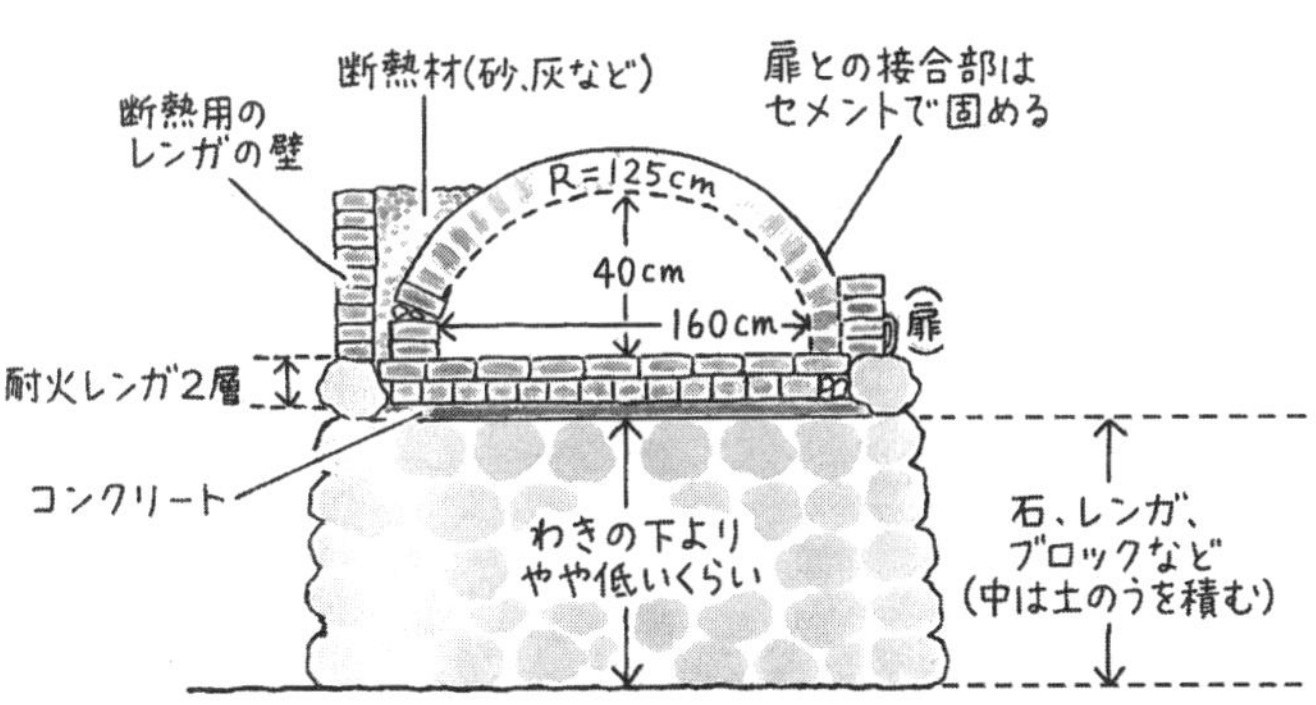

断熱材(砂、灰など)
扉との接合部はセメントで固める
断熱用のレンガの壁
R=125cm
40cm
160cm
(扉)
耐火レンガ2層
コンクリート
わきの下よりやや低いくらい
石、レンガ、ブロックなど(中は土のうを積む)

神奈川「草の実酵房」の石窯
あくまで1つの例ですので自由につくってください。Rは曲率。R=125センチというのは125センチを半径として描いた円周

く場所も確保したいのです。石窯は、つきあうほどに応用範囲が広がってきますから、いろいろな生活デザインのできる余地を残しておいてください。

2　土台をつくる

窯のサイズよりふた回り大きく

まず窯をのせる土台の大きさを考えます。

窯そのものはコンパクトでも、その外側を断熱材で覆い、囲いを築くので、土台は窯よりふたまわりほど広くします。たとえば囲いをレンガで積むとして、最低でもレンガの厚みの五センチに加えて、囲いと窯との間には断熱材を入れるスペースがいります。その分も見込んだ広さが、必要になるわけです。

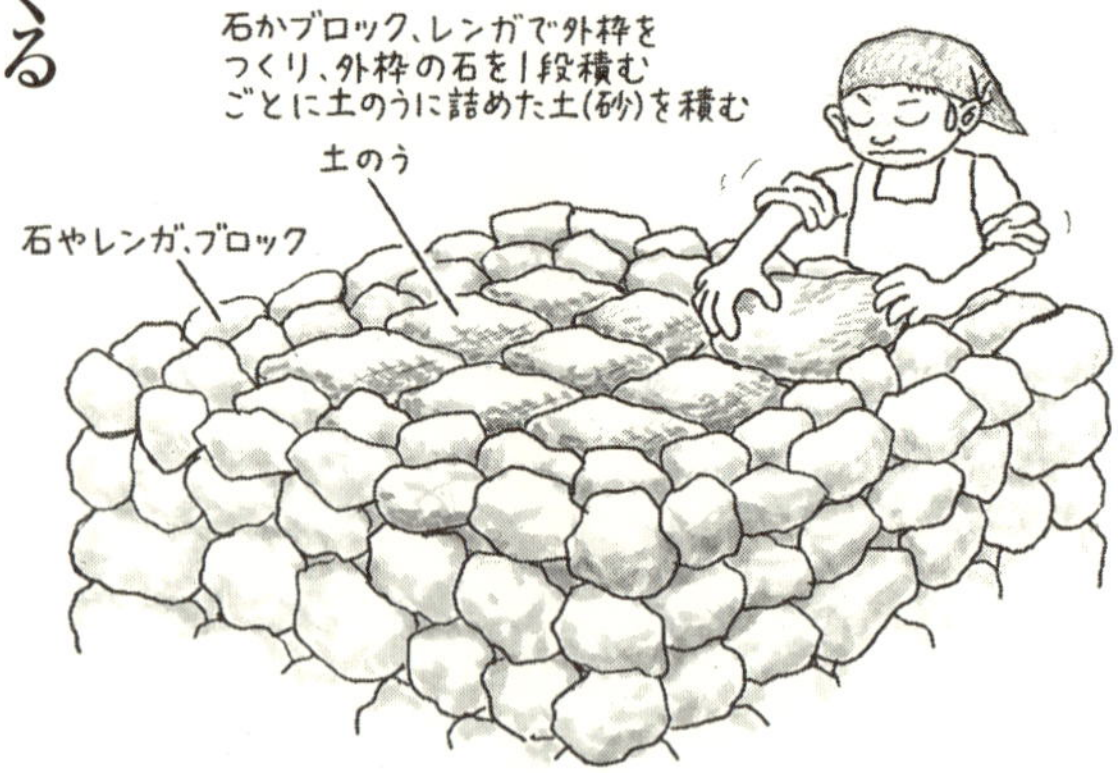
石かブロック、レンガで外枠をつくり、外枠の石を1段積むごとに土のうに詰めた土(砂)を積む
土のう
石やレンガ、ブロック

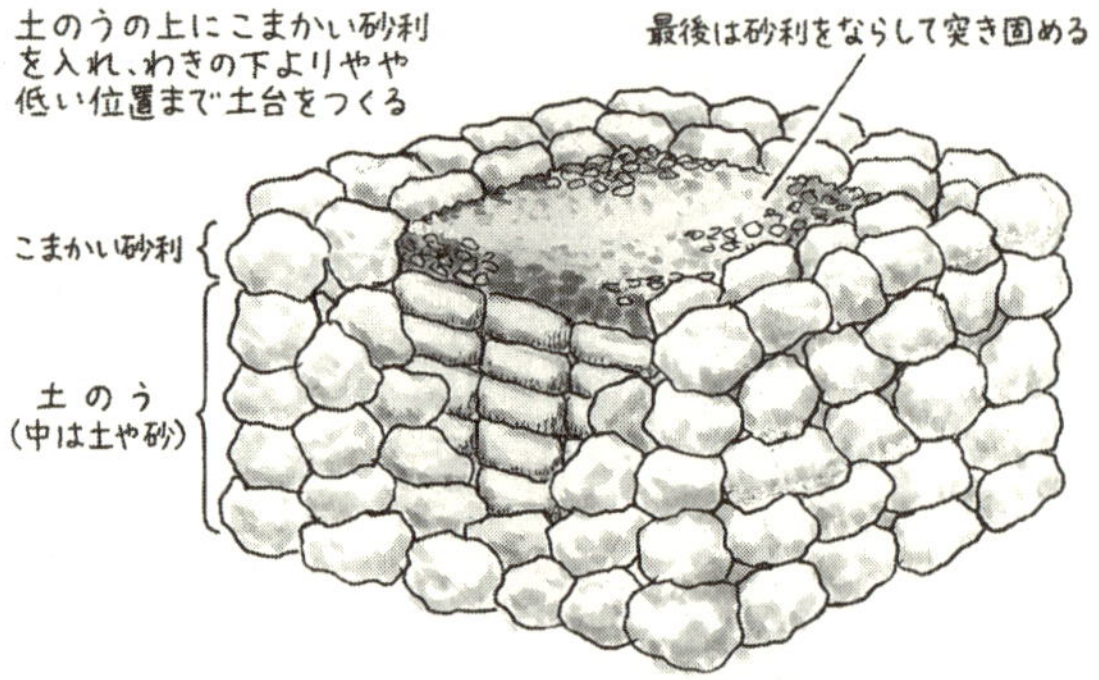
土のうの上にこまかい砂利を入れ、わきの下よりやや低い位置まで土台をつくる
最後は砂利をならして突き固める
こまかい砂利
土のう
(中は土や砂)

外側はブロックやレンガで

土台の素材はブロックでもレンガでもお好きなものでどうぞ。石を積むか、レンガやブロックで外枠をしっかりつくります。ブロック積みであれば、鉄筋を入れてください。

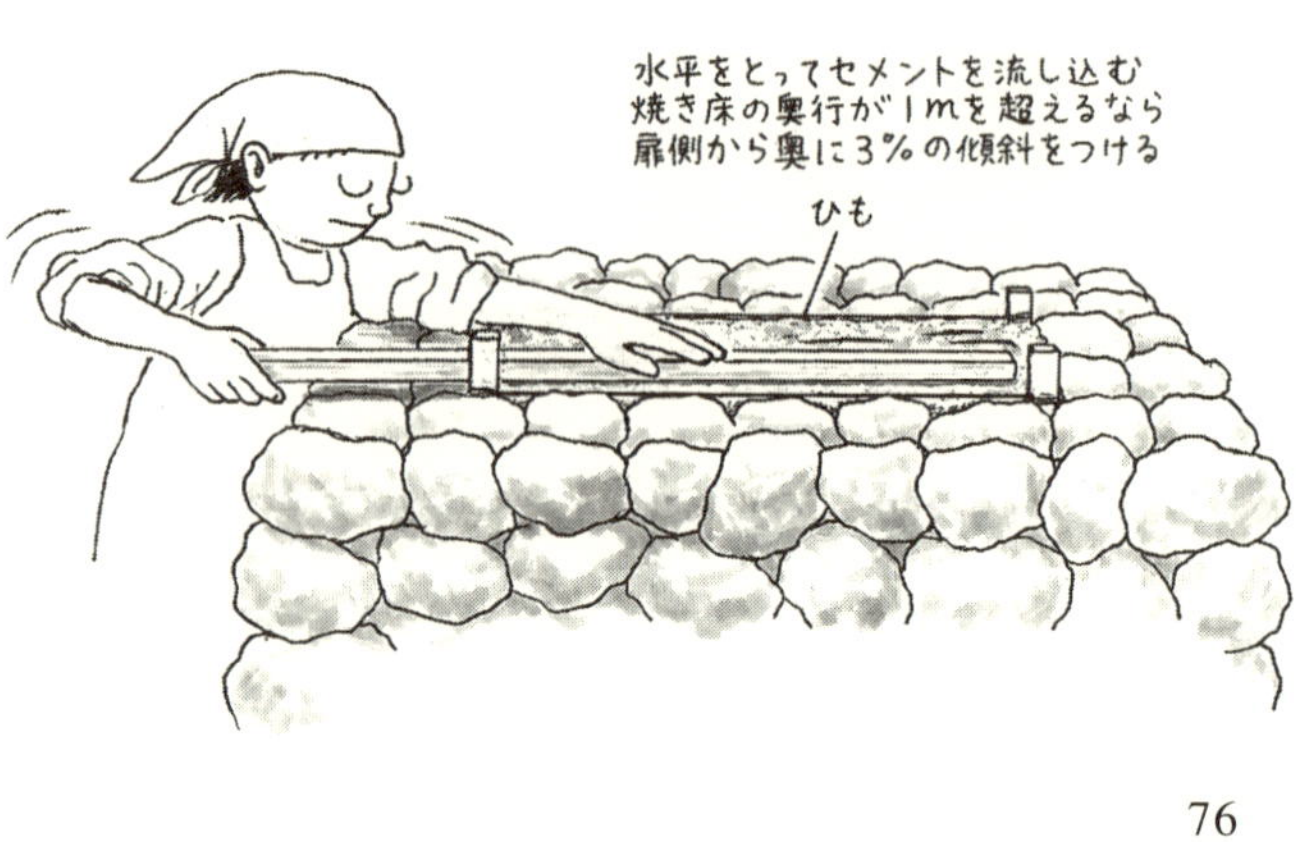
水平をとってセメントを流し込む
焼き床の奥行が1mを超えるなら
扉側から奥に3%の傾斜をつける
ひも

中は石や土で突き固める

土台の内側には、土を詰めた土のうを積んでいきます。建物を解体したときのコンクリのガラなど、身近に大量にあるものを使っても結構です。

使う人のわきの下くらいの高さまで積み上げたら、最後はこまかい砂利でならして突き固め、そこに普通のセメントを流し込んで平らに仕上げます。平らにならすときは、コテを使うより長い角材でのばすようにするほうが楽です。

3 焼き床をつくる

一メートルを超えるなら傾斜をつける

焼き床の奥行きが一メートルを超えるようでしたら、床の手前から奥に向かって三パーセントほど傾斜をつけます。三パーセントというのは、一〇〇センチ進んで三センチ上がる具合です。この微妙な傾斜によって空気の引きが強くなります。

神奈川の「草の実酵房」では五パーセントの傾斜をつけましたが、これはきつすぎて、パンなどは上のイラストのように手前にもたれこんだ形になりました。

ところで傾斜のつけ方、わかりますか？ 左図のように土台の周囲の四点に杭を立てます。まず同じ高さのところに印をつけて、そこを基準にして傾斜をつければよろしい。

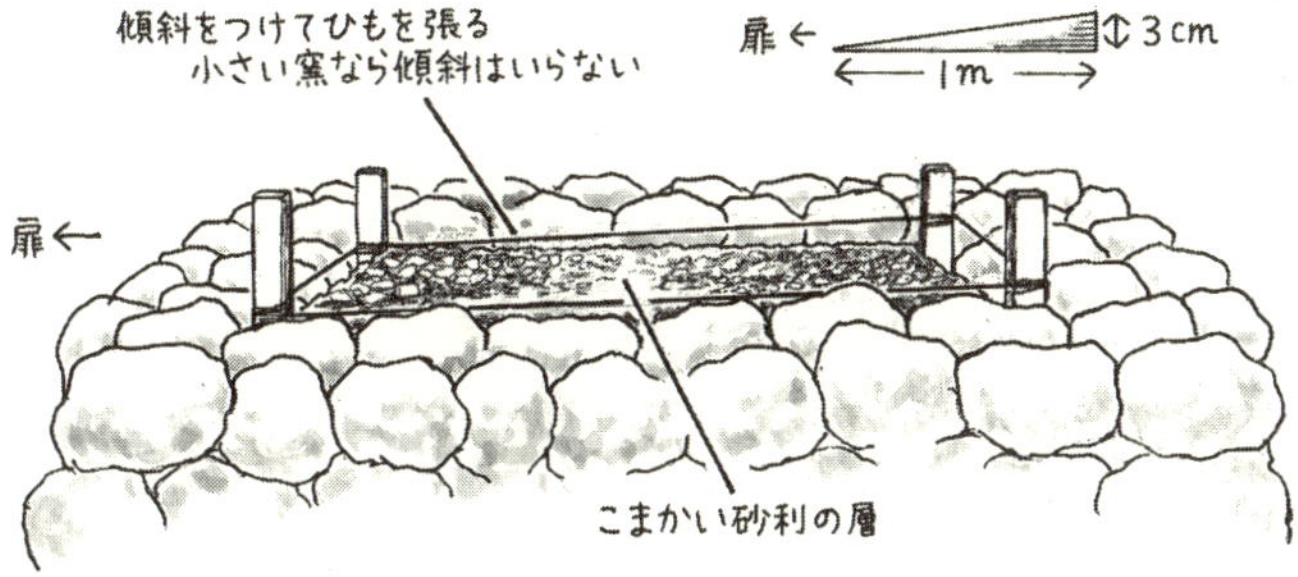

四本の杭に同じ高さを取る方法は左下の図のようにします。バケツに水を張り、透明なホースを差し、サイホンのように水を吸引する。これでバケツの水面とホースの水位が、常に同じ高さになります。

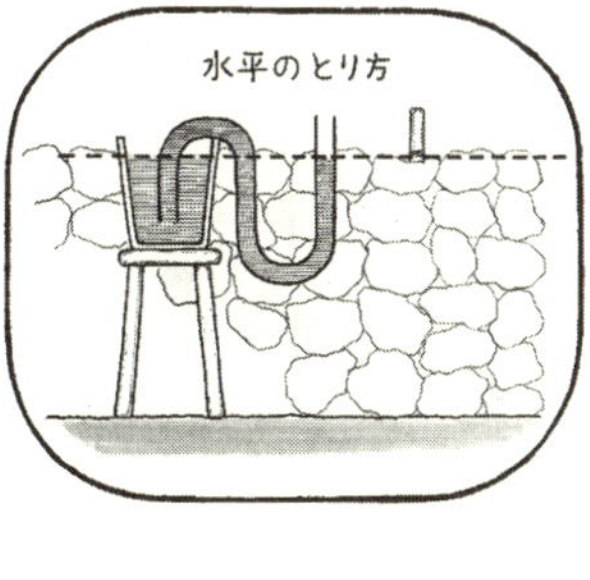

レンガを並べて焼き床をつくる

次に、コンクリートの上に最下層になる耐火レンガを並べます。隙間は小さな石できっちり埋めます。これは、レンガがずれないようにするのと、砂利が断熱材となって下のコンクリに熱が逃げるのを防ぐためです。

この上に焼き床となるレンガを芋積みにならないように隙間なく敷き詰めます。凸凹をつくらないことも大切です。さきほどの土台のコンクリートが凸凹しているとレンガがぴしっと収まらなくなります。周囲は大きな石で取り囲んで、レンガがずれないようにします。

隙間ができたら石を埋める
セメントを流し込むと安心
↙扉

コンクリの上に耐火レンガを並べる。隙間には小さな石を埋め、レンガが動かないようにする

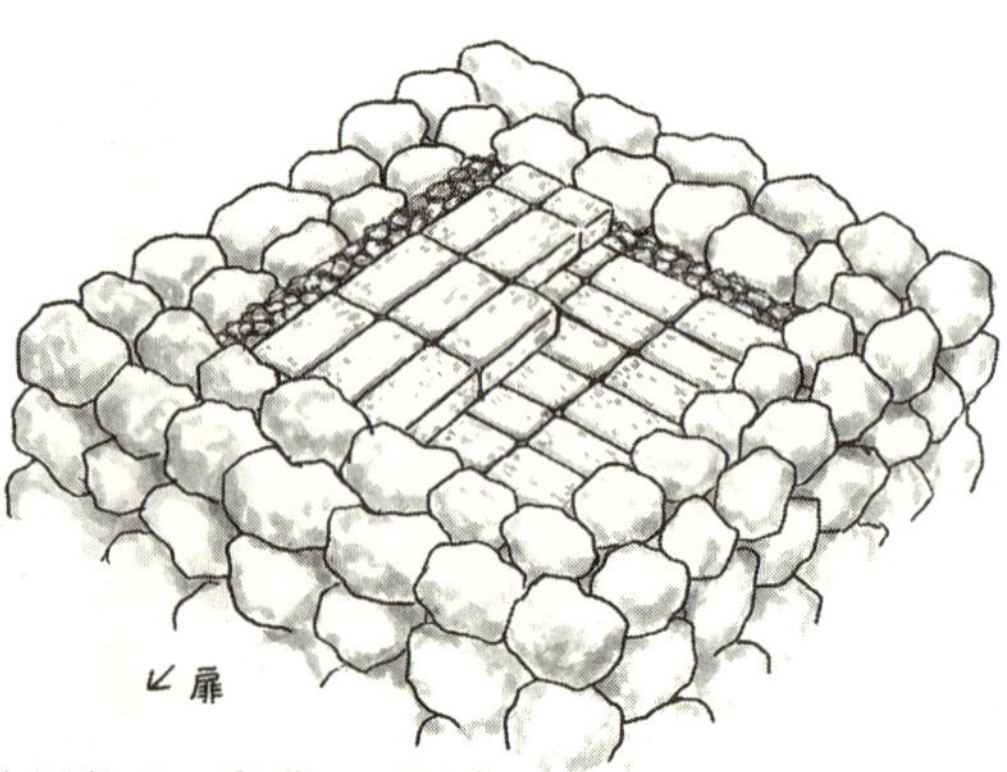
↙扉

もう1段、レンガを敷いて焼き床をつくる。隙間には石を埋め周囲を大きな石で取り囲んでレンガがずれないようにする

4　扉をつくる

扉は石窯の顔

土台をつくったら、次に扉をつくります。扉にあわせて本体をつくりこむのがポイントです。順序を逆にして扉を後にすると、なにかと作業がしにくくなります。

扉は窯の顔です。家でも城でもそうですね。皆さんは、大事な石窯の顔を、どんなふうにつくりますか? ヨーロッパには家紋を彫り込んだ立派なものもあります。

逆に古い石窯には、扉がないものもあります。焼いている間は、木か何かでふたをするのです。「扉をつくると金がかかるから、とりあえずなくてもいいヤ」というご主人の意向で二〇〇年ぐらい経ってしまったのでしょう。

じつは私も、はじめて石窯をつくったときには、急いでパン屋を開業して、気がつくと扉をつくるのを忘れておりました。仕方ないので、焚き口の前にコンクリートブロックを四つ、いちいち積んだり降ろしたりして扉の替わりにしました。

鉄の扉は鉄工所にたのむ

鉄で扉をつくる場合、自分で溶接できればいいですが、そうでなければ図面を描いて、近所の鉄工所に持っていきましょう。

素材は？　と聞かれたら、火入れをしていない「SS」の六ミリ厚と答えてください。いちばん安い素材ですが、これで充分です。

扉をつくる。観音開きがおすすめ

観音開きがおすすめ

扉の形は、次ページの図のような観音開きが使いやすく密閉性もよいのでお勧めです。扉の枠をアーチの重みで支えるようにします。アーチをつくれば、それだけで雰囲気も出ます。

業務用オーブンのように手前に倒して開ける扉は、火傷をしやすいので、子供のいるところには勧められません。引き戸式の扉もつくりましたが、窯本体との間に小さな隙間ができてしまいます。また引き戸のレールに熾き火の燃えカスや灰が溜まって、うまくありませんでした。

扉と本体の比率を考える

使い勝手からいえば、扉は大きいほど出し入れが便利です。ただし大きすぎると、開けたときに熱が大量に逃げてしまいます。本体をコンパクトにつくった割に扉が大きすぎる窯も、しばしば目にします。これでは扉を開けたときに窯の中が急に冷えてしまいます。

両方の事情を天秤にかけて、扉の幅は四〇センチから六〇センチ、高さは二〇センチから三五センチのあたりが落としどころでしょう。

アーチとの隙間はつくらない

密閉性を高めるために大事なのは、アーチと扉の間に隙間をつくらないことです。ここの詰めが甘いと、熱が漏れてしまいます。そのロスは馬鹿になりません。

図のように、内枠のついた扉をつくり、それからアーチをつくるのは、この隙間を防ぐためです。これですと手前に扉が倒れる心配もありません。

扉の形

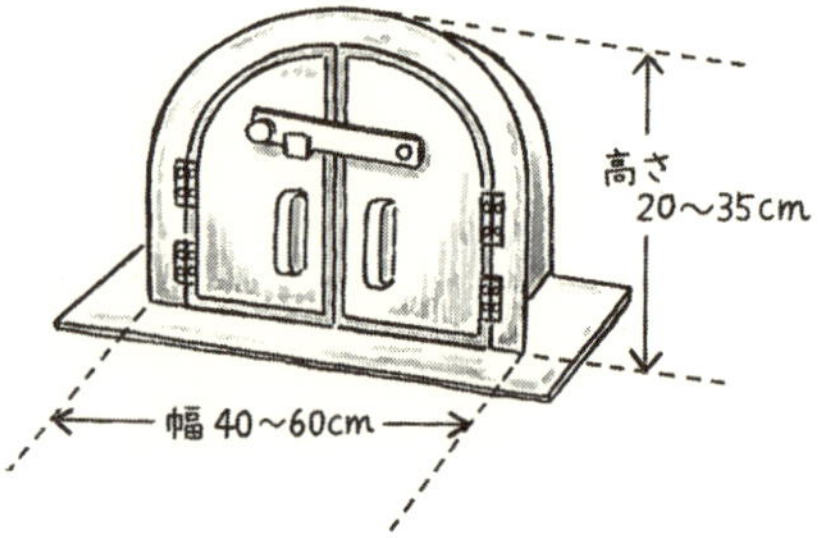
高さ
20～35cm
幅 40～60cm

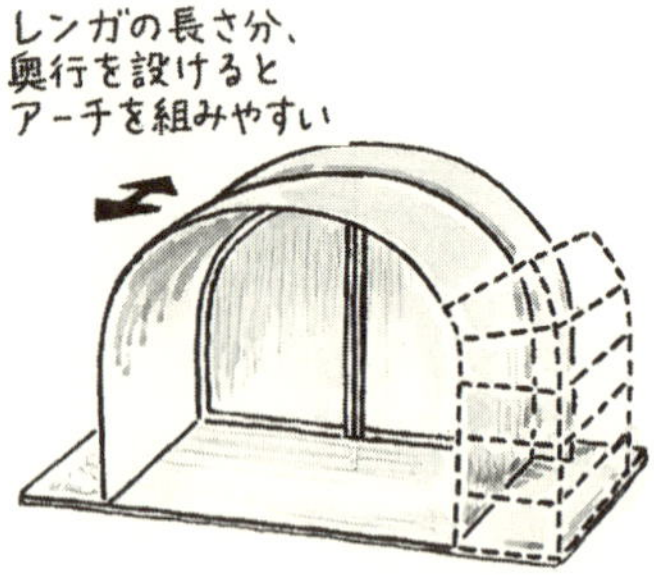
レンガの長さ分、
奥行を設けると
アーチを組みやすい

●扉の手入れも忘れずに

錆を防ぐには、使い終えて熱いうちに手入れをすることです。ボロ布に食用油を染み込ませて、扉の内側の煤をぬぐいます。それで扉をまんべんなく拭いて、煤を扉に擦り込むのです。使うたびにこの作業を繰り返すと、やがて扉がしっとりと黒光りして逞しい顔つきになってきます。

5　窯本体の素材を決める

いよいよ、石窯の本体にかかります。まず、素材を決めましょう。

●レンガ　扱いやすさはピカイチ

石窯の内側は表面の温度が数百度になるので、耐火レンガを建材屋に注文します。値段は普通のレンガより高くて、一個三〇〇円以上します。内径一五〇センチの球形の石窯（かなり大きいサイズです）で三〇〇個ぐらい、内径一メートルなら二〇〇個ぐらい必要でしょう。

全部新品を買うと高くつくので、陶芸の使い古しのレンガを入手できれば理想です。余った場合は、それはそれで色々つくって遊べますが、あるいは少な目にレンガを仕入れて、足りなければ土や耐火セメントで補充してもよいでしょう。

レンガにも種類がある

レンガは、それぞれの面に名前がついています。平手と小口の面を半分にした「ようかん」、平手と長手の面を半分にした「半ます」などもあります。逆に平手と長手をそれぞれ二倍、三倍に伸ばした「二丁レンガ」「三丁レンガ」というのもあり、これは開口部の上の梁《まぐさ》に使います。アーチを組むときには傾斜（テーパー）のついたクサビ形のものが便利です。

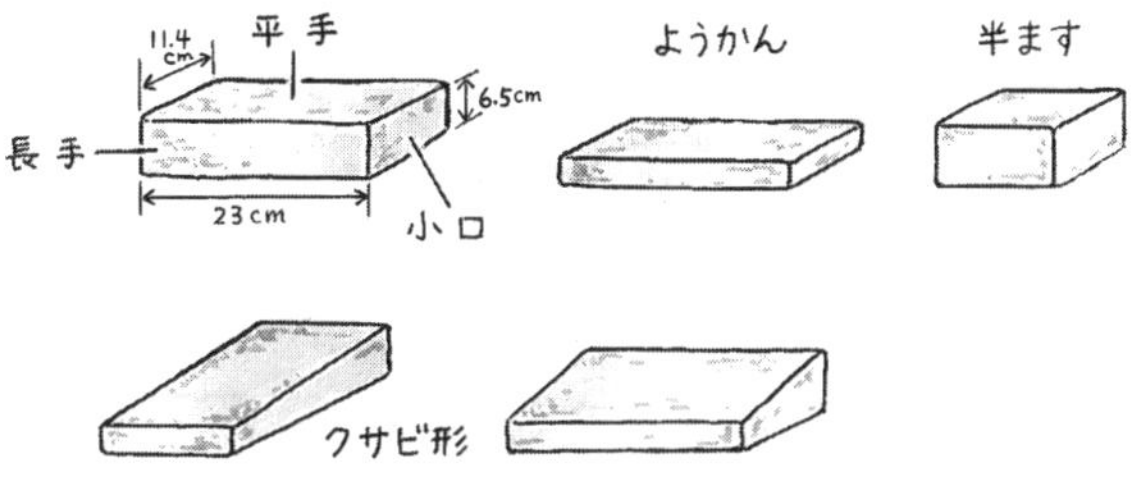

石窯には「番手」二八から三二番

「番手《ばんて》」という言葉も覚えてください。耐火レンガの熱に対する強さ、蓄え方などを示したものです。一から四二番まであり、「SK二八」とか「SK三二」などと耐火レンガの表面に書いてあって、それぞれ「二八番」「三二番」と呼びます。

耐火レンガを注文するときは、かならずこの番手を聞かれます。三〇番台の後半から四二番にかけては、陶芸の登り窯のように千数百度というひじょうに高い温度に使います。

料理に石窯を使うなら、表面の温度が千度になることはまずありませんから、二八〜三二番ぐらいがよいでしょう。これ以上番号が大きくなると、耐火性能は上がりますが、大きな熱量が必要になるので、薪をそのぶん多く消費することになります。

古いレンガは宝物

レンガは、焼きこまれるほど身体ができてきます。しかも表面がごつごつして、モルタルが塗りやすくなります。逆に、新品のレンガは、仕事のイロハも知らない丁稚さんのようです。つるつる肌が滑り、ひっかかりがなくて使いにくい。窯ができても、なかなかよい感じに温まらなかったり、熱くなっても持続力がいまひとつだったりするのです。ですから、新品の耐火レンガを注文する前に、近所で中古のレンガを探すことをお勧めします。

もし皆さんが田舎にお住まいでしたら、陶芸家の工房を訪ねて、「使い古しのレンガはありませんか」と尋ねるのです。レンガのお礼は、いずれ焼けるであろうパイやケーキということで。薪を燃やした灰も、陶芸の釉薬（うわぐすり）になるので喜ばれます。

私も陶芸家の方から、レンガをいただきました。倉渕村の「草の実酵房」では、焼き物用の粘土の古くなったものや、割れた陶板までちゃっかりいただいていたようです。ちなみに陶板というのは、陶芸で窯入れのときに作品をのせる板のことです。これは千度以上の高温に耐える高価なものです。もしもらえたら、破片でもおろそかにしないこと。

ところで、中古のレンガを手に入れるにあたっては、その前歴にくれぐれも注意して下さい。いくら使いこまれていても、焼却炉で働いていたレンガは遠慮したいものです。有毒物質を吸いこんでいる危険性が大です。中古レンガは必ず素性を確かめましょう。

●耐火セメント・窯土・自然石 耐火セメントは簡単、でも高くつく

レンガを使わずに、セメントで石窯をつくる方法もあります。普通のセメントではなく、熱に強い耐火セメントを使います。これは水でこねるだけですから、素材の中では一番簡単です。私も、形が複雑な本体ドームと扉の取り合い（接合部）は、耐火セメントでつくりました。

ただし、耐火セメントは値段が高くつきます。一袋三〇〇〇円以上です。しかも、普通のセメントのように砂や砂利を混ぜたりせず、水だけを混ぜて使いますから、一〇袋やそこら、すぐになくなってしまいます。

●オリジナルの日干しレンガに挑戦

できあいのレンガは便利だけれど、どこか一ヵ所くらい特別な形のレンガがほしくなります。

たとえば「まぐさ」といってアーチに横たわる梁の役をする長い石は、既成のレンガでは長さが足りないのです。あるいは、石窯のドーム部分をレンガで積んでいくと、だんだん傾斜がきつくなって、頂点に近づくほど形が合わなくなってきます。土台に延々と小さなレンガを連ねていくと、小さなずれが積もって大きな歪みになったりします。こうなると、自分でオリジナルなレンガをつくりたくなります。

昔の陶芸家は、自分で山に粘土を掘りに行き、日干しレンガをつくったそうです。Ｐａｒｔ２で書いたように、表土を三〇センチ以上掘って、粘土を探してみましょう。

掘り出した土はふるいにかけてダマや石を取り、水をかけながら足で踏んでこねる。切りワラを混ぜ、木枠に入れて突き固めて干せば、日干しレンガのできあがりです。

ただし、日干しレンガは、窯の火があたって焼き込まれることで、はじめて身体ができてきます。大

私にとっての石窯とは、身近な自然の贈り物を盛り合わせてつくるものです。春の土手で摘んだ野草の雑炊みたいなもの。だから、この出費は痛い。

ただし、時間が貴重な方には耐火セメントがお勧めです。レンガではむずかしい複雑な形も、耐火セメントならば粘土遊びの要領でホイホイです。

耐火セメントは、つくり直しがきかない

ただし、レンガで窯をつくった場合は、分解してつくり直せますが、耐火セメントでは無理です。この違いは大きいですよ。

なにしろたいていの人は、窯を一度つくると、もっとよいものにつくり直したい誘惑に駆られるのです。他人があとからつくった石窯など見たりして「あっ、負けた」と思った瞬間、なにくそムラムラと逆転したくなるものです。

ちなみに、石窯を分解するときは、木槌で内側から叩くだけで、いとも簡単に分解できます。外からの力に強く、それでいて内側からはあっさりとはずれるのです。

耐火モルタルはレンガの隙間詰め用

耐火セメントを建材店に注文するときに、耐火モルタルと間違えないこと。この両者は建材店の人も混同するときがありますが、まったく違うものです。耐火モルタルはレンガの隙間に詰めるものです。

耐火セメントは常温で固まりますが、耐火モルタルは常温では固まりません。指で押せばへこむ状態です。数百度を越える高温で火入れして、はじめて硬くなるのです。石窯の場合、数百度を越える温度になるのは窯の内側だけ。外側が、耐火モルタルが固まるほどの高温になることはありません。

レンガの隙間に詰めるだけなら、近所の粘土に石灰などを混ぜたもので充分代用できます。

なお、倉渕村の「草の実酵房」では、乾燥して捨てるばかりになっていた陶芸用の土を陶芸家から大量にいただいて、これを凍り豆腐のように水で戻して目地に使いました。大変具合がよいです。

きなサイズのレンガですと、火に面した部分と裏側の部分とで収縮率が違うために、割れ目が入ることもあります。それでも時間があるなら、ぜひレンガの自作に挑戦しましょう。

窯土は時間のない人向き

窯土は57ページのようにして準備します。

窯を自作する陶芸家のために、質のよい粘土を詰めた窯土も売られています。柔らかく練った状態でビニール袋に詰められたものまであって、えっこら踏んづける必要はないようです。これも石窯づくりに使えますので、時間のない人にはいいかもしれません。ただし私は、近所の粘土でまかなってばかりなので、市販の窯土を使ったことはありません。

自然でつくる

私がはじめて石窯をつくった神奈川県藤野町には、往年の炭焼き名人が大勢いらっしゃいました。慣れぬ手つきで窯などつくっていると、なにしろ田舎ではよくも悪くも噂が一晩で広まるもので、どれどれとお年寄りが訪ねてくるのです。

そこでおっしゃるには、石はどれでもよいわけではないのだと。

「いっくら火を焚いても割れない石、女石を山で掘れよ。河原にゴロゴロしているのは男石だからダメだ。すぐに割れる」ということでしたが、割れない石が女で割れる石が男であるという、その理由は誰もご存じなかったようです。

石積みもおもしろい

昔の炭焼き職人は、地元の石と粘土だけを積んで千度以上の高温に耐える窯をつくりました。

近所の石で窯づくりに挑戦するのも面白いものです。不揃いの石は、隙間に粘土を泥にして詰めながら積むのがこつです。泥には少し石灰やセメントを混ぜてもよいでしょう。難しいのは、てっぺんを閉じていく後半の作業です。

石積みの技については、それで本一冊になるほど奥の深いものです。我こそはと思わん方は、ぜひ挑戦されたし。そして成果をなにがしかの形でご披露いただけますよう。

身の回りの石を使って

私がいま住んでいる沖縄の宮古島は、琉球石灰岩という隆起したサンゴ礁からできあがっています。その石灰岩を積んでガーデニングオーブンをつくってみました。石の隙間には、風化サンゴの砂状になったものと漆喰を混ぜ、要所に赤瓦のかけらを埋めて、ビーチグラスで飾り付け。すべて島の素材による石窯です。

コラム

古き良きブリック・アンド・モルタル

古いレンガは、どれも味わいがあります。角が欠けたもの、割れたもの、高温でとろけたもの、釉薬がかかって鈍色に輝くもの、黒光りするもの。はじめはみんな、同じ色と形であったろうに、どれほどの炎を吸ってこうも違う貌になるのかと、人間の一生に通じるものを感じてしまいます。

コンピューター社会の到来で、「ヴァーチャル」という言葉が目につきます。現実にはない仮想空間のもの、という意味です。店舗を持たずに、インターネットにだけ存在する「ヴァーチャル書店」などはよい例です。それに対して従来の店舗型の書店を「ブリック（レンガ）＆モルタルの書店」と称します。

その言葉の響きには、時代の流れに遅れた古臭いものというニュアンスが漂いますが、どっこい私はレンガもモルタルも大好きです。ついでに石も、薪も、灰も、みんな好きです。冬の陽だまりに古いレンガや節だらけの薪を積み上げて触れていると、それだけで豊かな気持ちになれるのです。

石灰岩は蓄熱がよくないので、薪を焚きながらピザなど焼いて遊んでいます。

石でも土でも、身の回りのものと関係をもち、活かし活かされる関係を結ぶことで、生活はぐっと豊かになります。石窯をつくることで、モノだけでなく、さらに風土の育んだ知識の重層とも出会うことができるのです。

6　壁の厚さ

最低五センチが目安

窯の壁が厚いほど、蓄えられる熱も多く、冷めにくくなりますが、そのぶん熱くするのに必要な薪も多くなり、熱くなるまでの時間も長くなります。

五センチちょっと、レンガでいえば一番薄い部分を壁の厚みとしても、基本的な働きは大丈夫です。それでは冷めるのが早すぎるかな、と思ったら、後からレンガや土を塗り重ねて厚くすればよいのです。千数百度という高温で勝負する陶芸の窯でさえ、厚さは二〇センチから二五センチぐらいだそうです。熱が一番蓄えられる天井の部分を重点的にやや厚くするだけでよいでしょう。

本文ではレンガの小口を内側にしたので厚みが二〇センチほどになりますが、熱を蓄えるという意味では、横の壁については、これほど厚くしなくても大丈夫でしょう。むしろ、熱を持続させるには、断熱をしっかりするほうが大事だと思います。

7　本体をつくる
①窯の形をつくる

湿った土で土まんじゅうを盛る

土台ができ、扉の位置を決めたら土まんじゅうをつくります。

まず土台に、球形の窯ならば円を、カマボコ型ならば四角形を描いてレンガを置いてください。円は半径の長さの糸にチョークを結び、他方を円の中心に固定して、コンパスのようにして描きます。

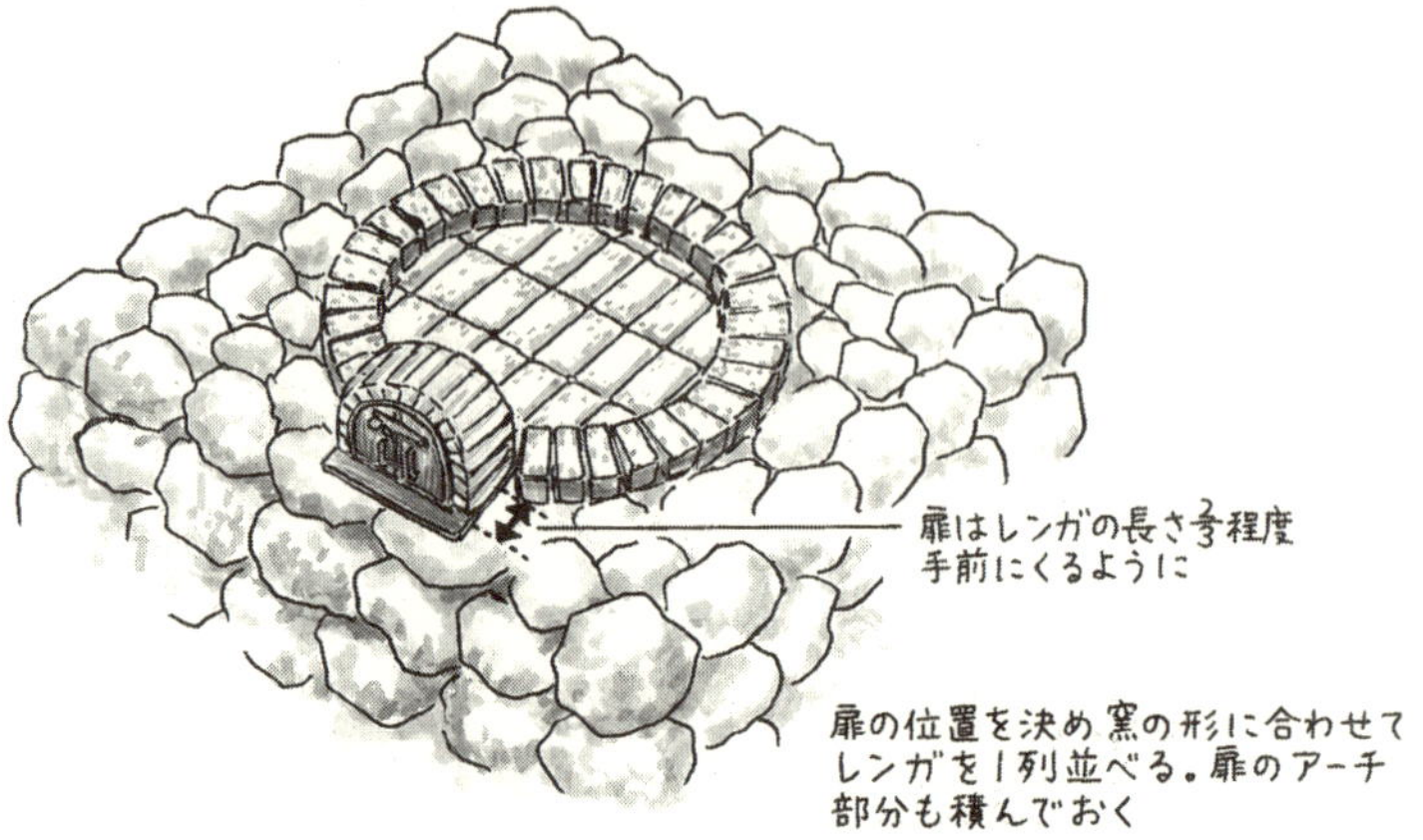
扉はレンガの長さ2/3程度
手前にくるように
扉の位置を決め 窯の形に合わせて
レンガを1列並べる。扉のアーチ
部分も積んでおく

そのレンガの内側に半球形に土をもり固めます。砂だと崩れますし、粘土だと強く固まり過ぎるので、湿った山土が一番です。このとき、土まんじゅうの核に、拳《こぶし》ぐらいの石をたくさん混ぜておくと、あとで掘り出しやすくなります。

内側に拳大の石をたくさん
入れておくと、あとで取り
出すときに便利
レンガの内側に土まんじゅうをつくる。
本体と扉の境目部分(斜線部)にも
土を盛る

土まんじゅうを盛り固める

この土まんじゅうを支えにして、重いレンガを積んでいきますので、湿らせた土を叩いたり押したりして、崩れないよう形をつくります。紅顔の少年少女にかえって粘土遊びです。

ベニヤ板で型をとる

土まんじゅうを盛ったら、ドームに合わせて形を整えます。

まず半円を二枚、ベニヤ板に実寸で描きます。それを切りぬき、切れ込みを入れて組み合わせ、図のようなものをつくります。

これを土まんじゅうにぐるぐる回してあてがいながら、内法の形を整えるという寸法です。納得いく形になったら、表面を濡れた新聞紙でおおいます。

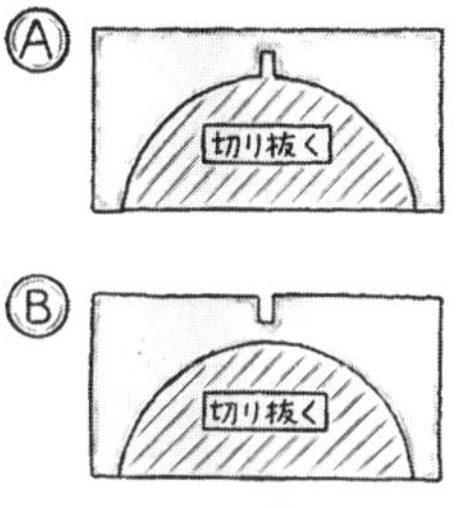

ベニヤ板で窯のドームの型(実寸大)をつくる

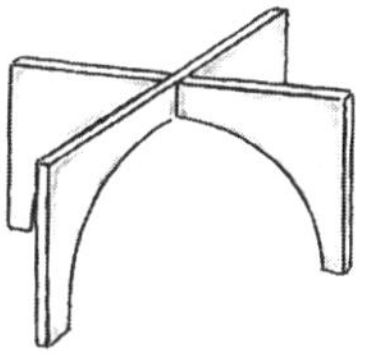
A・Bを組み合わせる

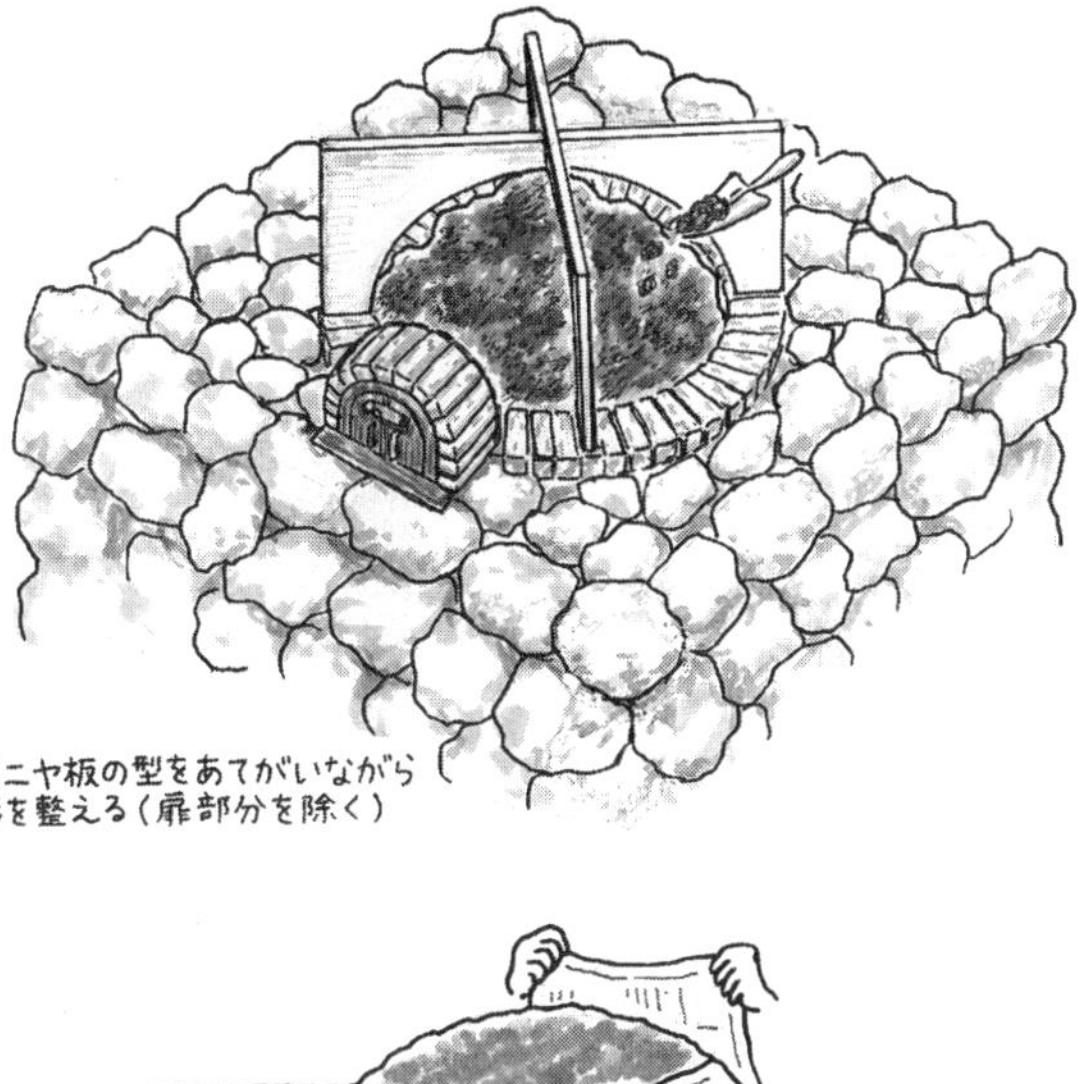
ベニヤ板の型をあてがいながら形を整える(扉部分を除く)

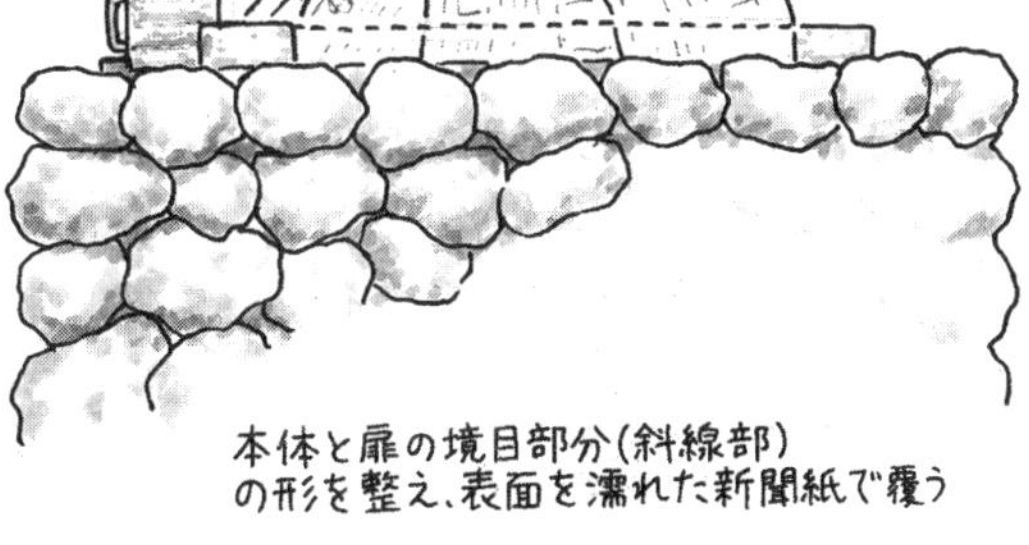
本体と扉の境目部分(斜線部)の形を整え、表面を濡れた新聞紙で覆う

木枠方式でつくる

木の枝で骨組みをつくる方法もあります。Ｐａｒｔ２の62ページとだいたい同じですが、レンガを積むので、もう少し丈夫にやりましょう。

この方式のよいところは、土まんじゅうと違って、あとで掘り出す手間がないことです。石窯ができあがって火をつけるとき、木枠が燃え落ちたら窯も一緒に崩れるのでは、と不安になりますが、木枠が燃える炎の中で悠然と自立する石窯を見ると、生まれた途端に立ちあがった神童を見るような興奮を覚えます。

8　本体をつくる ②レンガを積む

準備するもの

- 水を張る大きめの容器　レンガの行水用
- 左官用のコテ
- 耐火モルタルないしは窯土
- モルタルをこねる容器
- 小さな鍬
- 耐火レンガ
- 小石　大小さまざまをたっぷり
- 陶器や植木鉢の欠片
- 小さな木槌

耐火モルタルを水でこねる

まず、耐火モルタルを水と混ぜ、こねてください。

レンガの隙間に詰める場合は、子供の粘土遊びより少し軟らかめ、こまかな隙間に流し込むには、どろりとした液体にします。

前にも述べたように、耐火モルタルは数百度の高温にならないと固まらないので、硬くするために石灰や普通のセメントを少し混ぜて使う人もいます。

レンガに水を吸わせる

レンガは乾いたままで積むと目地のモルタルの水分を吸ってしまいます。あらかじめ大きなバケツに水を張ってレンガを浸し、五分ほど水を吸わせます。焼きこまれた古いレンガはなかなか水を吸わないのですが、新しいレンガはぶくぶく泡を立てて水を吸いこみます。

モルタルをなすりつけてレンガを積む

今あなたは、水を吸ってたっぷり重くなったレンガを片手に、もう一方の手にはコテを握ったところです。

モルタルを桶からコテですくい取り、手に持ったレンガの接合面にジャッとなすりつけて積んでいきます。レンガを並べる方向は、窯の厚さで変わってきます。一番厚くするなら図のように、小口を内側、長手を下に向けて積んでいきます。長手を内側、平手を下に向ける積み方でも大丈夫です。厚みが足りないと思ったら、あとでまた外側に積み足せばよいのです。

はじめの一段目か二段目までは傾斜をつけずそのまま立ち上げたほうが、使い勝手がよくなります。三段目から傾斜をつけていきます。

長手
小口

耐火モルタルをつけながら、土まんじゅうに合わせてレンガを積んでいく。隙間には小石をはさむ

〈断面図〉
小石や耐火モルタル

〈上から見た図〉

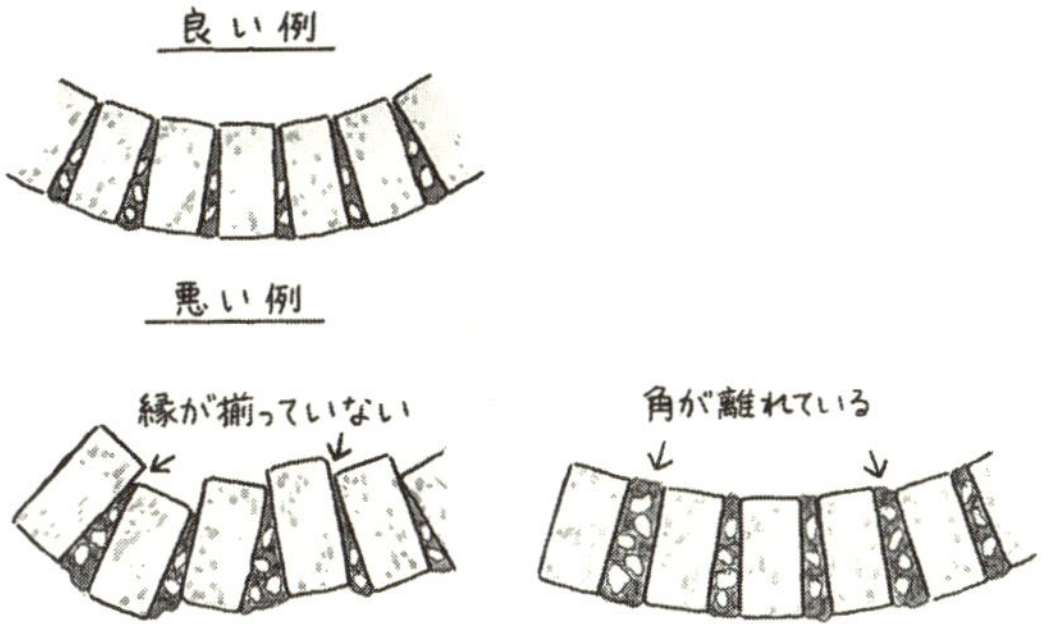
良い例
悪い例
縁が揃っていない
角が離れている

小石やモルタルで傾斜をつける

レンガの隙間に耐火モルタルや小石を詰めながら、下からぐるりと積んでゆきます。曲線にするために、図のようにレンガ同士の隙間に小石やモルタルを詰めて傾斜をつけます。

このときレンガの縁をうまく合わせないとギザギザになります。これは初心者に多いパターン。レンガの端っこ（角）同士が合っていないのもいけません。隙間からモルタルが漏れるからです。

もっとも、少しぐらいずれたところで、なんとかなるのが石窯です。あまり細かく神経を使いすぎることもないでしょう。

モルタルだけだとレンガの重みで隙間が閉じてしまいますから、隙間には必ず小石や陶器のかけらを挟みます。

小石はかなりの量を使うと思ってください。隙間の大小に合わせて大きさも変わりますので、金魚鉢に入れる小さいものから、線路の敷石ぐらいの大きさのものまであると便利です。

曲線はレンガをカットして

作業が進んでレンガが積みあがってくるほど、空間は狭くなり、球形の場合ならば曲率もきつくなります。まるごとのレンガでは収まらなくなってきます。

そこで、ダイヤモンドカッターでレンガを切りながら並べていきます。あるいは細いレンガも売っています。こういうときのために、割れたレンガでももらえるならばありがたく頂戴しておくことです。

丸い空間に四角いレンガを詰めてゆくのは、立体パズルのようです。このあたりは説明のしようがないので、道なき道を歩んでください。面倒なのが嫌でしたら、ここから先はすべて耐火セメントで埋めてしまうとずいぶん楽です。

ダイヤモンドカッターはレンガを使う場合の必需品です。付け替えの刃の値段によって、切れ味が見事に違います。また、焼きこまれた古いレンガほど固くて切りにくいもの。レンガのこまかい破片が飛んでくるので、作業中はゴーグルも必要。レンガは濡らして切ります。

扉との接合は耐火セメントが便利

ドーム状のレンガ積みでとくに難しいのは、扉との接合部（取り合い）です。はじめて窯をつくったときは、この複雑な立体図形の曲面交差を、いったいどうやって四角いレンガで形にしてくれようかと悩みました。

ない知恵は絞っても出ません。無我夢中の無理やりで形にしてしまいましたが、どうも後味が悪かったので、二台

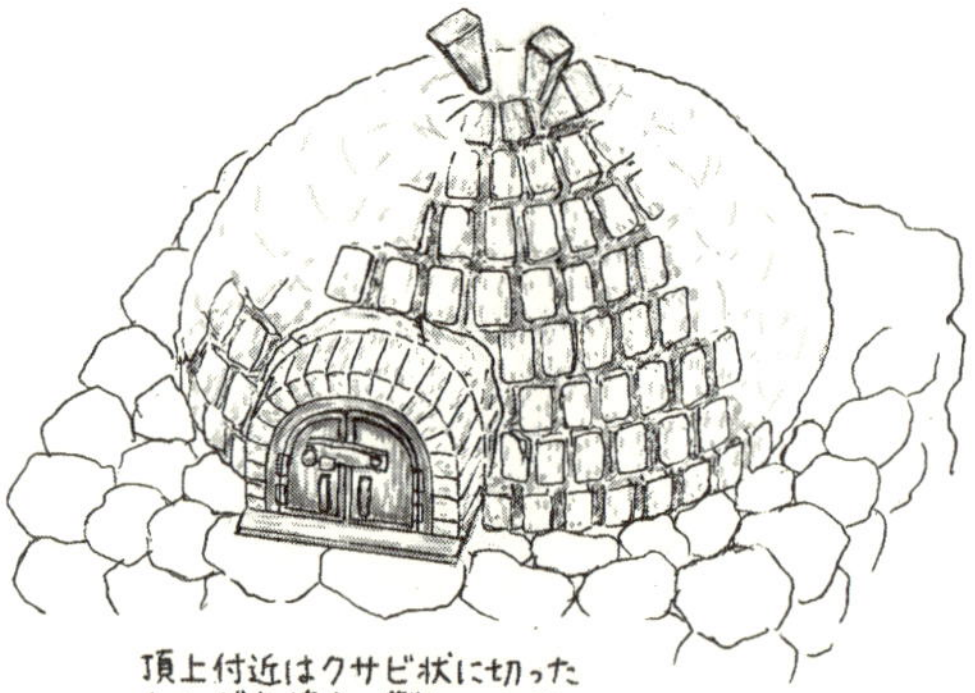

頂上付近はクサビ状に切ったレンガを使う。難しいので耐火セメントで埋めてもよい

扉との接合部は耐火セメントで埋める

目をつくったときは、耐火セメントで片付けてしまいました。こちらのほうがはるかに楽にできます。

芋積みは厳禁

カマボコ型のドームをつくるときの注意は、いわゆる「芋積み」は厳禁ということです。ひとつのレンガの重みが下のすべてのレンガに分散されるように積むのが、レンガ積みの基本です。図のようなイギリス積みやフランス積みなどがあるので応用してください。

記念撮影でひと休み

こうしてレンガやセメントで頂上まで埋めていきます。

芋積み(悪い例)

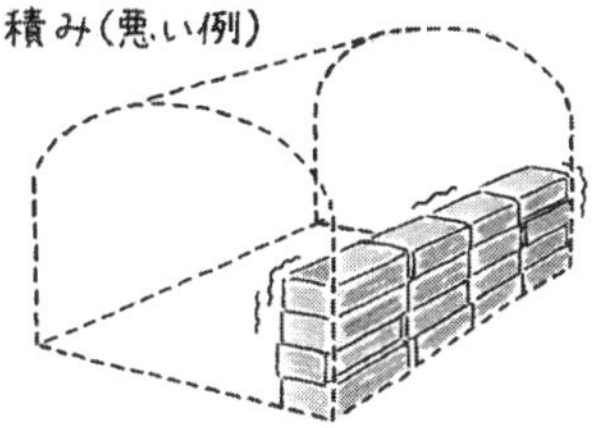

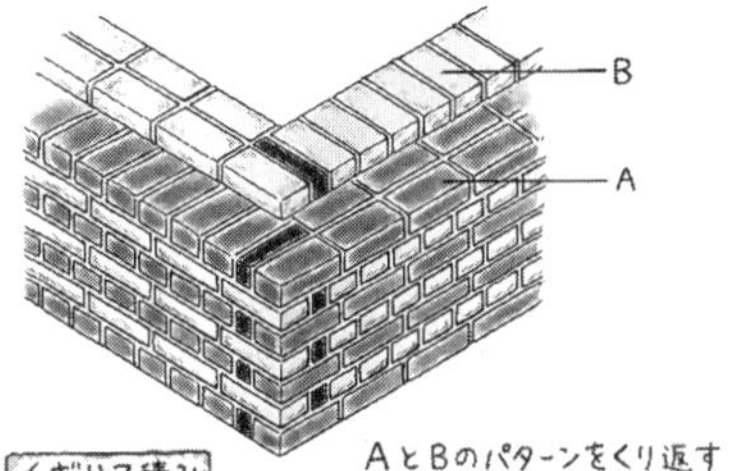
B
A
AとBのパターンをくり返す
■=ようかんを使用
イギリス積み

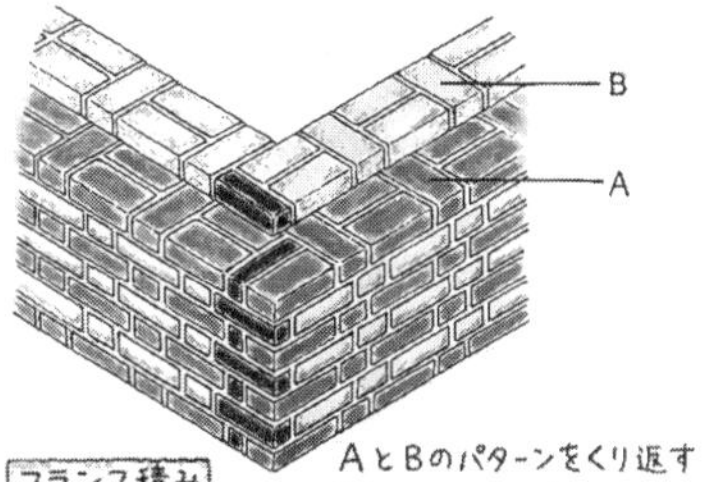
B
A
AとBのパターンをくり返す
■=ようかんを使用
フランス積み

なんだか山登りのようで、頂上までくると、「やったなあ」という感慨がひとしおです。

この愛らしく丸い姿を断熱材で埋めてしまうのかと思うと残念です。せめて記念写真など撮っておきましょう。

隙間にクサビを打つ

目地のモルタルが固まりきらないうちに、レンガの隙間にクサビを打ちます。これでぐらつきをなくし、全体の構造をしっかりさせます。クサビは植木鉢のかけらで充分です。全部の隙間に木槌で順繰りに打ちこんでいきます。

全体にバランスよく少しずつ打ち込むこと。カンカンと気持ちよく音が響き、ゆるかったレンガのひとつひとつが、だんだん堅固に締まってくるのがわかります。こうして石窯の身体ががっちり固まってしまえば、ほんとうに象が乗っても壊れません。

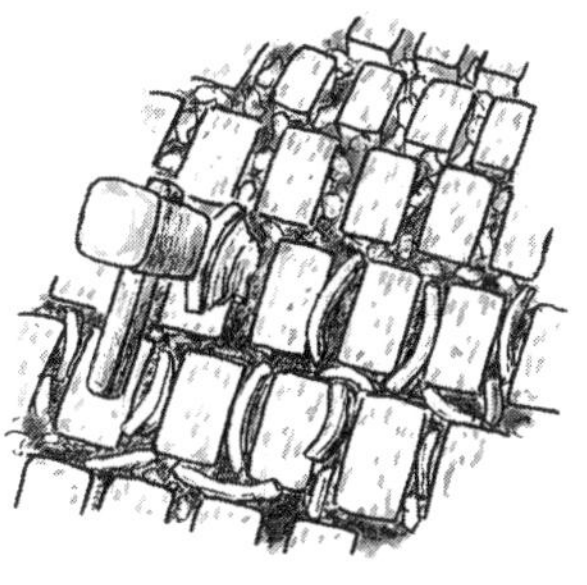
レンガの隙間すべてにクサビを打ち込む

9　耐火セメントや窯土で本体を積む場合

団子を叩きつけるように

耐火セメントや窯土だけで窯をつくる場合もあります。

まず耐火セメントや窯土を水でこね、固めの団子にしたものを大量につくります。これを、土まんじゅうに張りつけた新聞紙の上に、隙間なく叩きつけるようにして積んでゆきます。気泡が残ると、あとで熱くしたときに破裂するので、思いっきりやってください。

これはレンガと比べて、あっけないほど簡単です。ただし、レンガと違ってつくり直しはききません。

10　土を搔き出す

本体ができて、これなら崩れまいと確信できたところで、土まんじゅうに使った土を搔き出します。

しっかり固まっている土を掘り出すのは、けっこう大変な泥仕事です。そこで先ほど書いたように、土まんじゅうの中心部に大きめの石をごろごろ入れておくと、搔き出しやすいわけです。

内径が一メートルを超える窯になると、奥のほうの土を出すには、スコップ抱えて窯の中へ潜り込む作業になります。石窯との第一種接近遭遇。暗くて冷ややかな窯の心地はいかがですか？　湿っぽい土が内壁にへばりついているのは放っておきましょう。火入れをすれば、乾いてはげ落ちてきます。

11　仕上げ――石窯に生命を宿す

ゆっくりと乾燥させる

できたばかりの石窯は、たっぷり水気を含んでいます。すぐに火を焚いてはいけません。ゆっくり乾燥させます。扉を開けたまま、せいぜいヒヨコ電球をつけて窯のなかに転がしておくか、七輪を入れておくぐらいです。

火を焚いて水蒸気を出す

一晩たったら、おそるおそる火を入れてみましょう。細い枯れ枝を奥に突っ込み、丸めた紙で火をつける。船の進水式さながらの通過儀礼です。やがて風呂上りのアフリカ象みたいに、石窯が白い湯気をたて始めます。これは水蒸気です。ああ石窯は生きてるなあ、と思える瞬間です。

水蒸気がおさまってきたら、もう少し火を強くします。おさまった水蒸気がしゅわっと勢いを盛り返してきます。おさまったらまた火を強く、これを繰り返して窯から水分を抜き、身体を締めていきます。息をひそめて窯を育てる時間です。

この間じゅう扉は開けておきます。

石窯に血が通い始めた

まだここでは身体がヤワなので、小さな焚き火ぐらいにしておきます。一日、二日して、気がつけばいつの間にか石窯の外側がほんのり温もっているではありませんか。生きている物の気配です。冷たい石に温かい血が通い始めたのです。

ああ、こういうことか、といつまでも撫でるうちに、石窯に誘われて、私は頭からスルスルと窯に入ってしまいました。友だちになった鯨のお腹に入れてもらったよう。これはいわゆる遠赤外線治療と同じ状態で、まことに快い夢見心地です。ただしこの光景は、窯の口から足だけダランとして「恐怖の人喰い窯」です。お子様の前ではなさらぬよう。

目地の修復

火入れをして石窯が乾燥してくると、レンガの隙間のモルタルが収縮してひびが入りますから、耐火モルタルか耐火セメントを水で溶いたものを流しこみます。粘土を水と石灰で適当にこねたものでもいいでしょう。

また熱を入れるとひびが出るので、目地を止める、これをしばらく繰り返します。あんまり目地の割れ目が大きすぎるようでしたら、クサビが足りないのかもしれません。ワラや古い畳を刻んだものを粘土に混ぜて目地止めし、そこへさらに小さなクサビを打ち込みます。

最後に強い火を入れる

ここで最後に、強い火入れをします。はじめの火入れが誕生の儀式なら、今度のは大人になるための通過儀礼です。薪も時間もタップリ用意します。

燃やす要領には慣れましたか？　今度は手加減せずに、蒸気機関車のように景気よく放り込んでください。

窯の天井が煤で真っ黒になりますが、さらに温度が上がると煤が焼けきれて白くなります。ここで天井の温度は約六〇〇度です。ちなみに、パンを焼くならこのあたりで火を落とすのが目安です。

今回は、さらに薪を入れます。三時間ぐらい燃やすと、千度近くの高温になって、窯の内側がカーンと白い光を放ち始めます。目がつぶれそうなほどまぶしく、神々しい輝きです。こうして石窯の身体が鍛えられるのです。

このときは外側もかなり熱くなっていますので、石窯の近くに燃えやすいものは置かないこと。この熱さは一晩ぐらい続きますので注意してください。

乾いた砂を積んで断熱仕上げ

石窯の身体ができ上がったら、まわりを断熱材で覆います。これをしないと、いくら窯を熱くしても熱が逃げてしまいます。

本体を囲むようにレンガなどで塀をつくり、そこに断熱材をたっぷり詰めてください。発泡スチロールは優秀な断熱材ですが、熱で溶けるので使えません。手軽なのは砂でしょう。川砂でも山砂でも、よく乾かしてください。砂が濡れていると、粒の間に空気が含まれず、むしろ蓄熱体である水分が窯の熱を吸いとってしまいます。

砂は土のうに入れて並べると、取り扱いが便利です。乾ききっていない薪を、この土のうの上に置いておくだけで

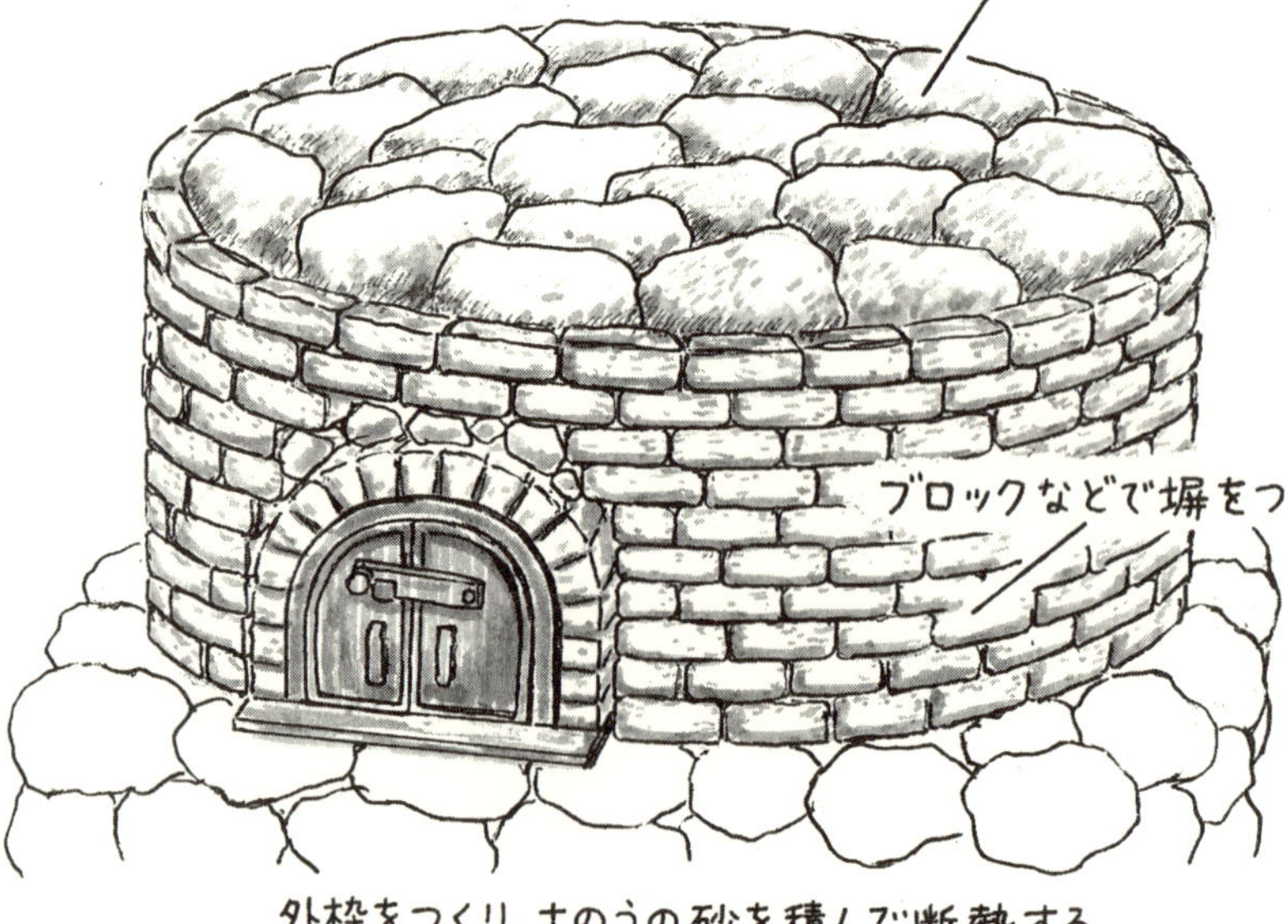
土のうを積んで断熱する。
塀と窯の間にも土のうを積む
ブロックなどで塀をつくる
外枠をつくり、土のうの砂を積んで断熱する

充分乾燥します。

燃えない素材で屋根づくり

野外に石窯をつくるなら、屋根は必須です。雨や雪から石窯を守るだけでなく、燃えやすい枯葉の飛来を防ぐことも頭に入れてください。

煙突のない窯の場合、熱い煙や火足の長い炎が、窯の外へベロリと舌を伸ばすことがあります。あるいは周囲についた煤が発火するなどの危険性も考えると、トタン板のような燃えない素材が無難でしょう。

本体付近は、高い温度がしばらく続きますが、そこに屋根の木の柱がずっと接すると、低温でも自然発火する可能性もあります。

連続燃焼方式の石窯をつくる

一日じゅう窯を使いたいときに便利

素材を調理する場所（焼き床）と薪を燃やす場所（燃焼室）が分かれたものが連続燃焼方式です。はじめに焼き床で薪を燃やし、頃合を見て灰を掻き出すところまでは基本形と同じですが、その後も別の燃焼室で薪を燃やして、熱を送りながら焼き床の温度を調節します。

これはオーブン付きのストーブみたいなもので、一日じゅう窯を使いたい場合に理想的です。もちろん焼き続けるぶん、薪も必要になります。

炎が焼き床のまわりを通る窯

このタイプの窯は、いろいろな種類があります。いちばんシンプルなものは、たとえばローマ時代のもの。断面図

ローマ時代の窯

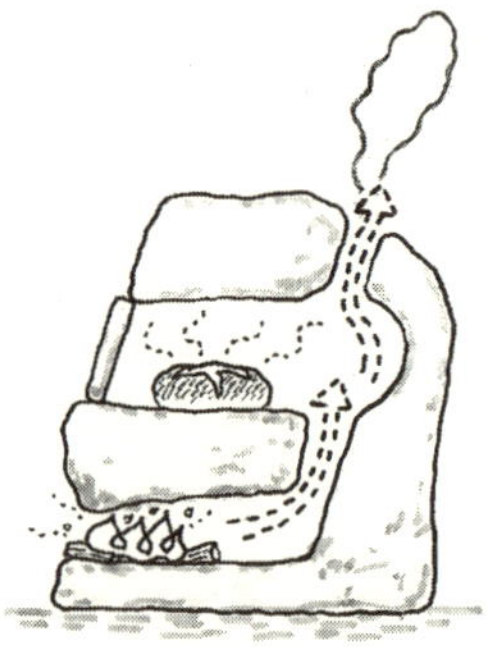

想像図

は想像ですが、このように炎が焼き床の下をくぐっているのだと推定します。同じしくみを現代風につくったのが、下図です。炎と熱い煙が焼き床の下、裏側、天井裏と巡って石窯を熱くします。パンを焼きながらでも加熱できるわけです。119ページに出てくる東京・八王子の伊藤さんの窯もこのタイプです。

炎が焼き床の中を通る窯

燃焼室からの炎が、焼き床の中を通り、奥にある煙道に引かれていくタイプもあります（97ページ右図）。料理と料理の間に、さっと追い焚きができるわけですが、欠点は、炎が焼き床の中空をびゅんと一直線に飛んでいくので、どうしても下面の温まり方が不充分になりがちのようです。

炎が焼き床のまわりを通るタイプ

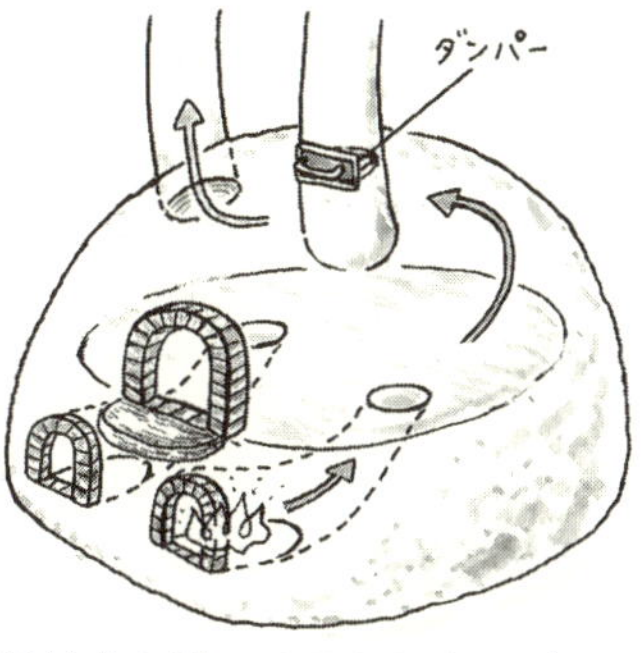

燃焼室を脇にずらしたタイプ

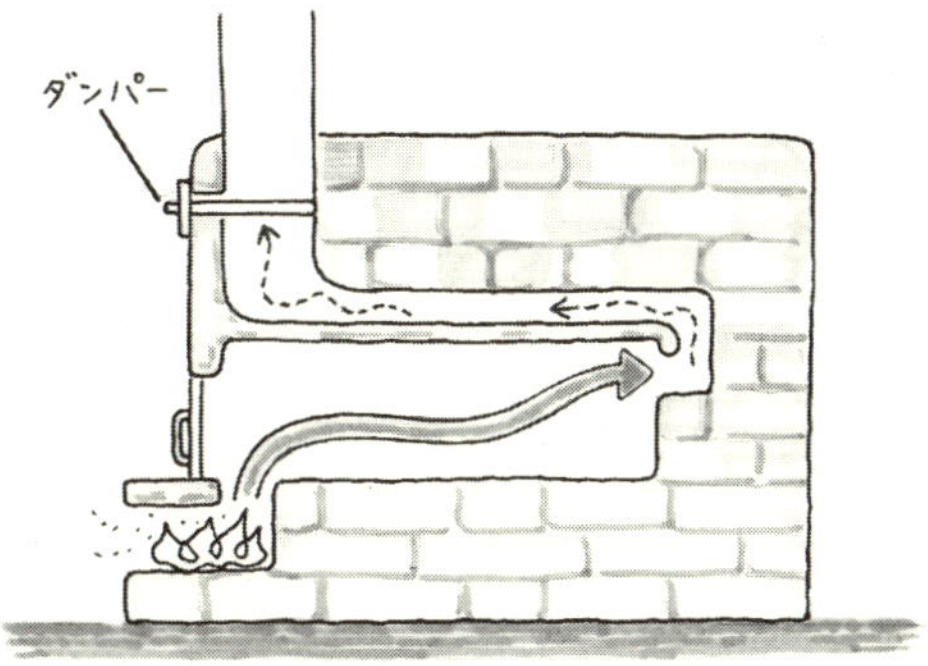

炎が焼き床の中を通るタイプ

いわゆる「下火の効きがいまひとつ」のなのです。

燃焼室を脇にずらした窯

この窯のバリエーションとして、燃焼室を手前でなく脇にずらし、そこで燃やした熱を焼き床に送りこむものもあります（上図左）。ここでは煙突が左右にありますが、右の焚き口を使う時は左の煙突だけ使い、左の焚き口のときは逆、というようにして熱がぐるりと中を回るようにします。

燃焼室と煙突の位置関係も大事でしょう。燃焼室から入った熱が、煙突めざして一直線に出ていくのではなく、焼き床の中をひとめぐり熱くしてから、外に出るのが理想です。

かといって、いつまでも煙が滞っていても不完全燃焼になります。この相反する条件をうまく両立させる窯がよい窯、というわけです。

焼き床が回るスペイン窯

連続燃焼方式の窯は、業務用のものも多く、さらに複雑な仕組みのものがあります。

俗に「スペイン窯」と呼ばれる石窯は、円形の焼き床が電子レンジのターンテーブルよろしくゴロゴロ回転します。ちょうど素材が調理できるタイミングで一周させれば、焼けたものを出すそばから新しい素材を入れ、次から次へと同じものがたくさんつくれるわけです。

しかしここまでくると、石窯に追われて人間が働くことになります。これでは電気やガスのオーブンと違いのない工場労働です。この本は「忙しい生活にグッドバイするために石窯をつくりましょうよ」と皆さんをそそのかしているのですから、これ以上スペイン窯には触れません。

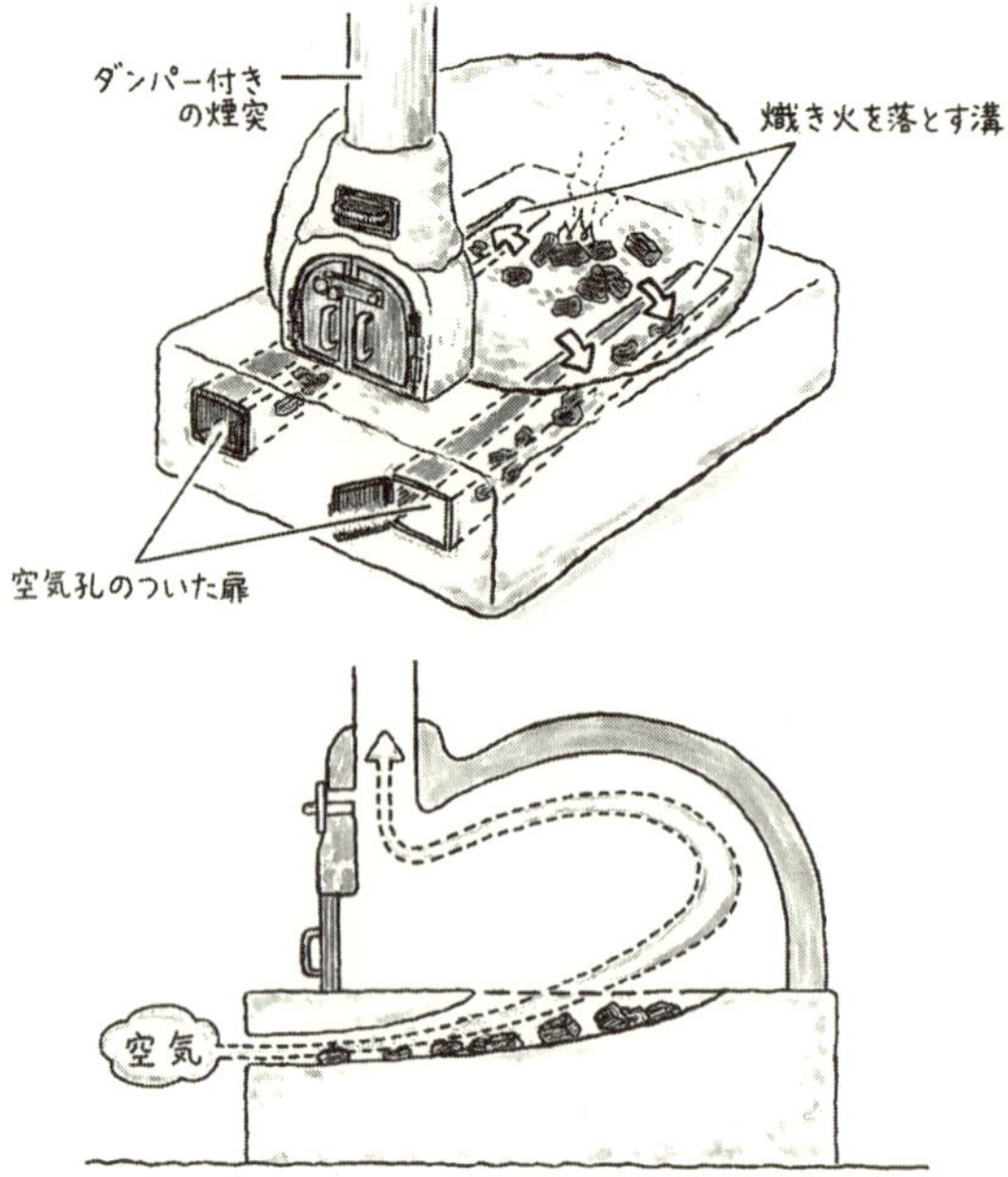

熾き火を落とし込むタイプ

熾き火を利用する窯

それでも、日常的に石窯をこまめに使う人や、ストーブを兼ねたオーブンにするなら、この連続燃焼方式はおもしろいでしょう。

熾き火を外に掻き出すのでなく、焼き床のどこかにポケットをつくり、そこに落とし込んで保熱に役立てる仕組みもありですね。注意すべきは、熾き火の熱が素材に直にあたらないようにすること。直火は、表面を焦がしてしまいます。

●薪の選び方と使い方

薪の種類

薪は広葉樹が理想

石窯の燃材は、地元の広葉樹が理想です。火持ちがよく、火力が強いからです。園芸業者から、剪定した枝ごみを分けてもらえれば重くないし、割る手間も省けます。ただし、あまり細い枝は樹皮の割合が多いので、よく乾かしても煙が多くなります。

その点、多少面倒でも、直径五センチを超える太めの広葉樹を斧で割ったものは、よく乾かせば火持ちもよく、火力も強いのです。

木それぞれの特徴がある

節の多い材やケヤキなどの硬い材は、チェーンソーで三センチ厚さの輪切りにします。あるいはクサビとカケヤで割る。油圧を使った薪割り機を自作する人もいます。

杉は火力が弱くてすぐに燃え尽きてしまうので、窯の前から離れられません。火をつけるときのスターターか、最後の微調整に使うのがよいでしょう。

松は煙にヤニが多いので、煙突の掃除をこまめに行う必要があります。竹は火力は強いのですが、煤が多く、燃えている最中にはぜるので注意してください。

廃材は避ける

廃材は使いません。防腐剤などの化学物質が塗られていたり、刺さったままの釘が窯を傷つけることがあるからです。

また、あまり何年も乾燥させた薪は、かえって油っ気が抜けすぎて火力が弱くなります。シイタケ栽培に使ったホダ木も同様です。

薪の管理

蒸れないように乾燥させる

伐ったばかりの生木は、五センチ以上の太さならすぐに割ります。乾くと割りにくくなるからです。

割った状態で、雨がかからないように積み、夏なら一カ月、冬場は三カ月は乾燥させたいものです。

ブルーシートですっぽりおおうと蒸れて腐るので、トタン板をかけた上にシートをかけるなどして、風が通るように工夫すること。薪にしたら、井桁に組んで、隙間に風を通します。

目的別に保管する

薪は目的別に分けて置いておくと作業が楽しいです。はじめの火つけ用の杉の葉は、袋に詰めて積んでおく。隣に杉の皮。広葉樹の細い枝。割った薪という具合です。

消火用水と、できれば消火器も備えたいものです。

薪の乾燥

石窯の中で乾燥仕上げ

ある程度、乾いた薪は、最後に石窯の上で乾燥させます。そしてその中でいちばん乾いたものを、仕事を終えた石窯の中に詰め込んで扉を閉め、窯の余熱で最後の乾燥仕上げをします。

薪を石窯に詰めて二〇分くらいたつと、扉の隙間から薪に含まれていた水蒸気があふれてきます。そうしたらいったん扉を開けて、この水蒸気を外に追い出します。

そしてまた扉を閉めて、同じことを二～三回繰り返す。これでかなり薪が乾きます。

この窯いっぱいの薪があれば、翌日の仕事には充分足ります。

煙突とダクトをつくる

形はシンプルでも奥は深い

屋内の石窯で薪を焚くなら、当然煙突とダクト（吸煙装置）が必要です。煙突の役目は、窯の中の古い空気を引き出して、燃えをよくすることにあります。野外では煙は勢いよく上に昇るので、風除けさえしっかり備えてあれば煙突は必要ありません。

煙突はシンプルな形ながら、じつはとても奥の深い世界です。煙突の性能は、太さ、材質、断面の形、内側の状態、高さ、地面との角度といった要素に左右されます。引きの悪い煙突で苦労しないよう、基本形をおさえましょう。

古い空気を引き出すために煙突がある

石窯をつくった人が必ず経験するのが、薪がうまく燃えてくれないイライラです。そこで勘違いして、外から風を送りこんでも逆効果です。手前に薪を置いて扇風機で煽れば、確かにそこだけ火は勢いよく燃えますが、奥まで炎は回らずに偏った状態で窯を温めるのです。電車の入り口付近に人がぎゅうぎゅう詰まっているのに奥は空いている状態がありますが、あんな感じです。

その原因は明快で、いくら風を送っても窯の奥にたむろする古い空気は出ていかないからです。薪を燃やすには、新しい空気を押し込むのでなく、古い空気を引き出すこと。そのために、煙突があるのです。

太さは一〇から一五センチ

煙突は、細く高く垂直に立てるのが理想です。「ベルヌーイの定理」といって、空気は、狭いところを通るときに早く駆けぬけようとします。ビルの谷間ですごい風が吹くのも同じ原理です。煙突も、細いほうが煙が早く走って、引きがよくなるわけですが、細すぎてもいけません。

石窯の場合は、内径一〇〇ミリから一五〇ミリぐらいがよいでしょう。

煙突が扉の内側にあるタイプ

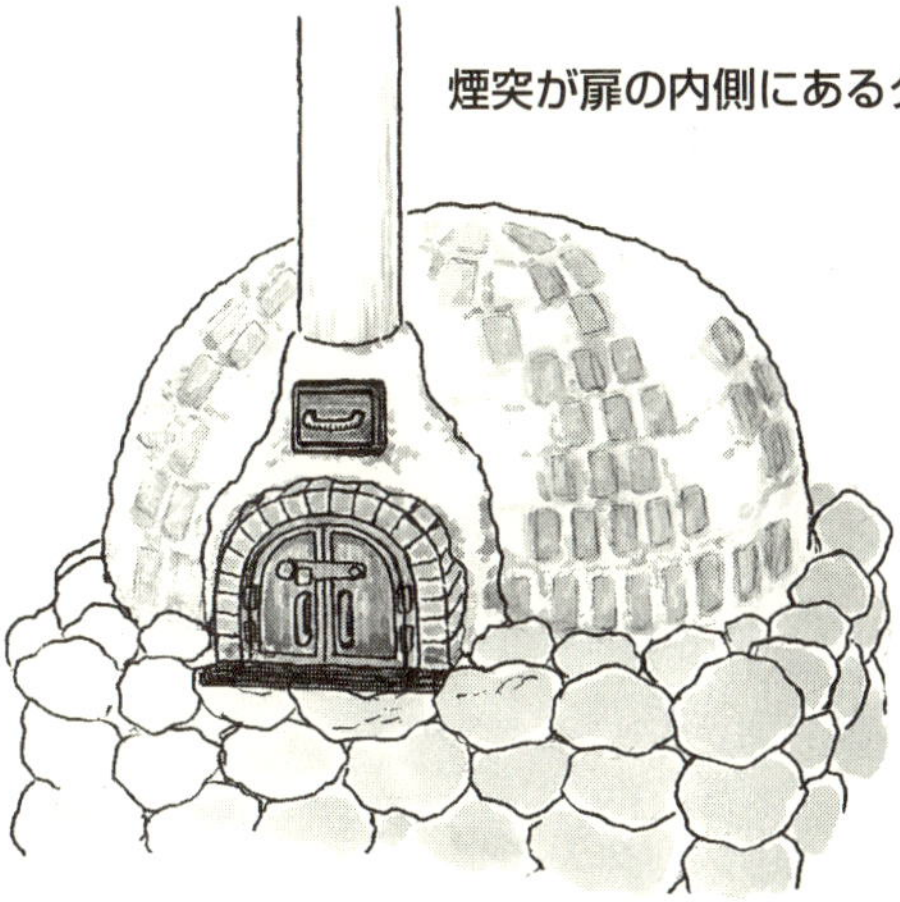

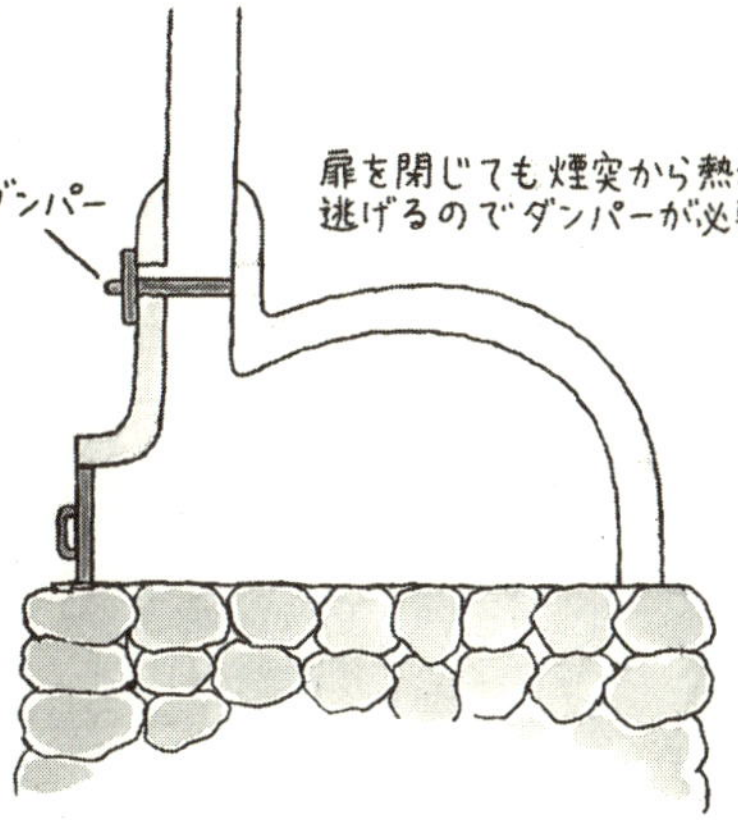
ダンパー
扉を閉じても煙突から熱が
逃げるのでダンパーが必要

煙突が扉の外側にあるタイプ

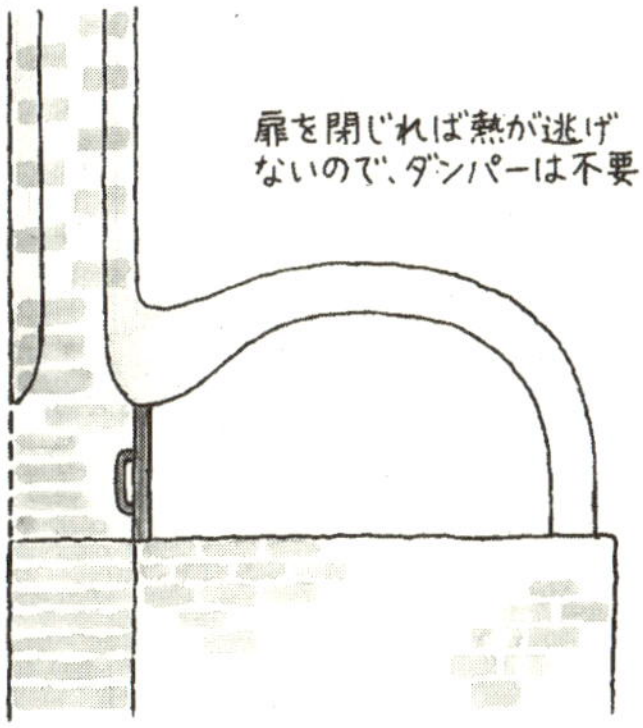
扉を閉じれば熱が逃げ
ないので、ダンパーは不要

煙突の位置あれこれ

石窯の煙突は扉よりも内側につける場合と、外側につける場合があります。いずれにしても窯の手前（扉寄り）に設計します。空気がぐるりとひと回りして窯を温めてくれるからです。

ちなみに陶芸の窯は逆で、奥につくります。この違いは、陶芸の場合は千度を超える高温にするため、ひたすら強い力で空気を引いて火力を上げるための構造であり、石窯の場合は、せいぜい数百度のものですから、むしろ、熱が効率よく均一にまわることを目指してこうなったということでしょう。

ダンパーで煙を調節

扉よりも内側に煙突があるものや、連続燃焼式の石窯には、ダンパーが必要です。これは熱を逃がさないためにきっちり密閉できることが必要だから

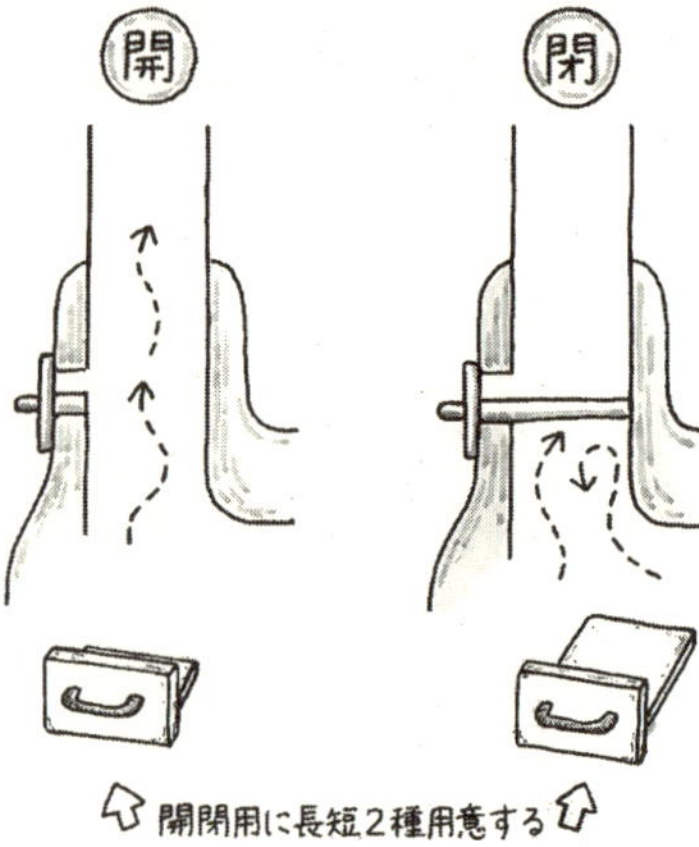
開
閉
開閉用に長短2種用意する

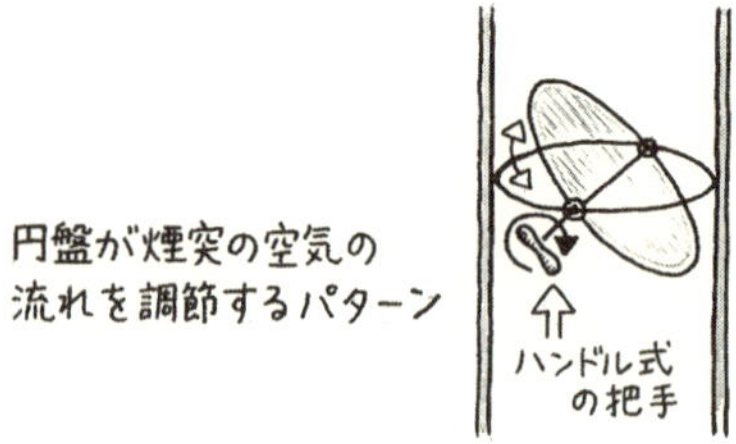
円盤が煙突の空気の流れを調節するパターン
ハンドル式の把手

です。

　こればかりは専門家につくってもらう必要があります。私は、図面を描いて近所の鉄工所に行きました。ダンパーはきっちりつくらないと、熱を逃がすことになります。つくるのが面倒ならば、煙突を扉の外につくることです。

断面は円形で垂直に立てる

　煙突の断面は、円形が理想です。レンガを四角に積んだ煙突は素敵ですが、四隅の空間の空気の流れがやや遅くなります。それでも、四角い煙突は駄目、とまではいいません。サンタクロースをお迎えする煙突は、やはり四角くないと雰囲気が出ませんからね。

　さらに加えるならば、煙突の内側は凸凹していないほうがいい。そして地面からできるだけ垂直であることです。

横に走らせたら、こまめに掃除する

　屋内に煙突をつけると、どうしても煙突を横にひっぱることもあるでしょう。しかし、横に走る煙突は、そのぶん引く力が弱くなります。

　煙突を横に走らせたら、その長さの三倍から五倍の高さに煙突を伸ばせ、といいます。それが無理なら、せめて横向きの煙突は、こまめに掃除をしてください。煤がたまりやすく、それが煙突を劣化させますし、煤が引火すると危険なことになります。

素材は軽くて扱いやすいものを

　ストーブ用のステンレス製の煙突が、軽くて扱いやすいです。一瞬で温まるので、そのぶん早く上昇気流が加速します。

　レンガは厚みがあるため温まりにくく、そのぶん空気を引き始めるのが遅くなります。陶芸の登り窯では、レンガのかわりに陶管も使いますが、陶管のほうが温まるのは早いでしょう。

自作の煙突で工夫

せっかくの石窯ですから、煙突も遊んでください。

正式な名前を知りませんが、建材屋さんに行くと、ダンボールでつくった筒を売っています。直径も数センチから数十センチの太いものまでいろいろです。この筒に、ラス網という塗り壁用の網をきっちり巻きつけ、上から石膏を塗って固めれば、好きな形の煙突になります。この煙突を紙筒のついたまま設置し、あとは下から火をつければ、紙だけ燃えて石膏の煙突が残るという寸法です。

石膏を塗るときは、紙の表面に対してできるだけ滑らかに塗ってください。煙突の内側はできる限り凸凹のないほうが、煙がスムーズに流れるからです。

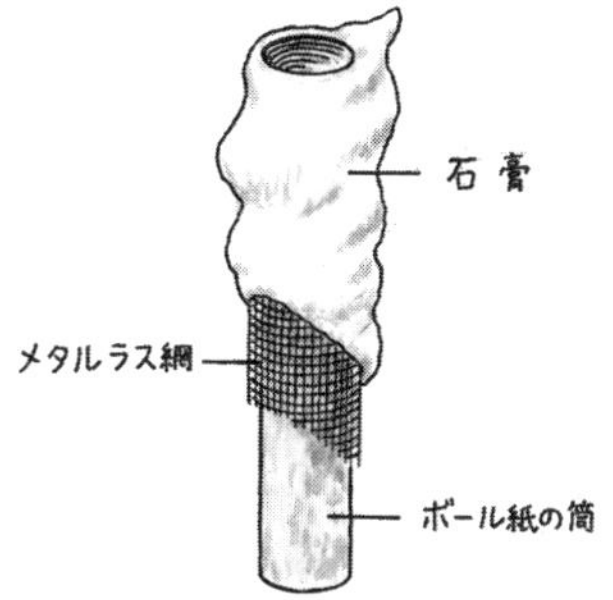

ダクトは手前につける

屋内で石窯をつくるなら、レストランの厨房にあるようなダクト（集煙器）が必要です。風の吹きこまない屋内でしたら、左右に煙や煤が広がる心配はあまりありませんが、むしろ窯の手前一メートル以上が煤で黒くなりますから、下図のように手前に伸びるダクトがよいでしょう。

形は四角錐で充分

ダクトの形によっても、空気の引きの強さは違います。次ページの図のように、側面が放物線になっているタイプはベルマウスといい、この曲線で引きが加速されるのです。レーシングカーのエンジンには、この形の吸気装置がいくつも並んでいます。

ただし、こんな形のダクトをつくれるのは、よほど板金の技術のある方です。普通はここまで凝らずに四角錐を切り取った形にすれば充分でしょう。

煙突の多目的利用のすすめ

石窯で薪を燃やした熱

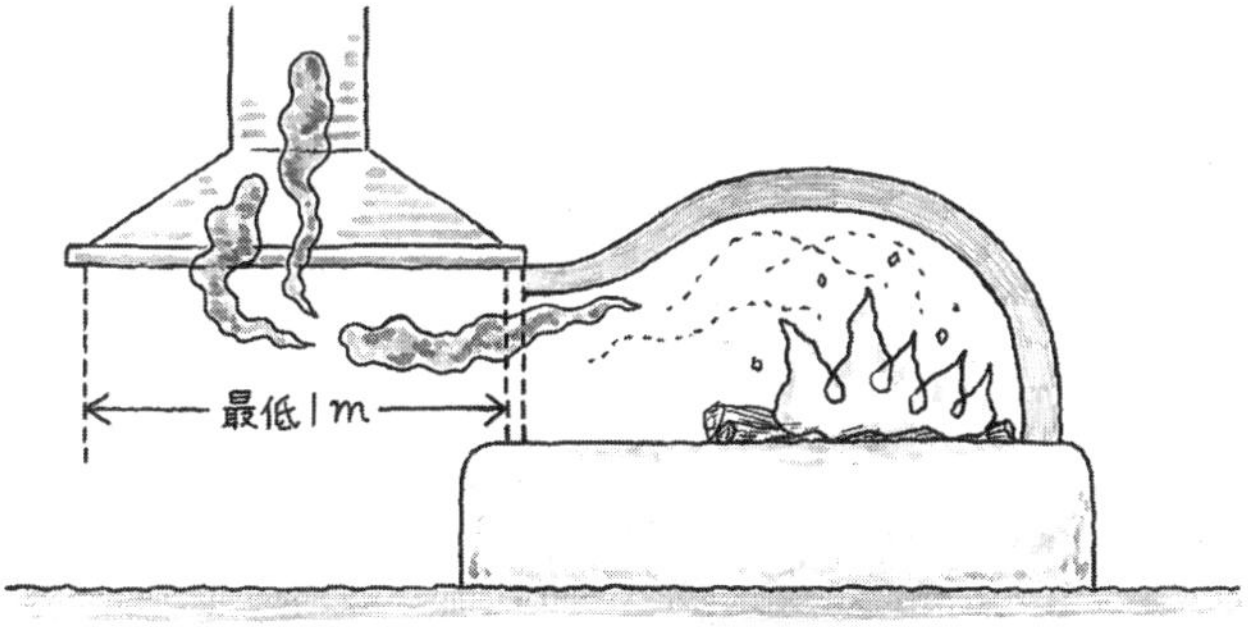

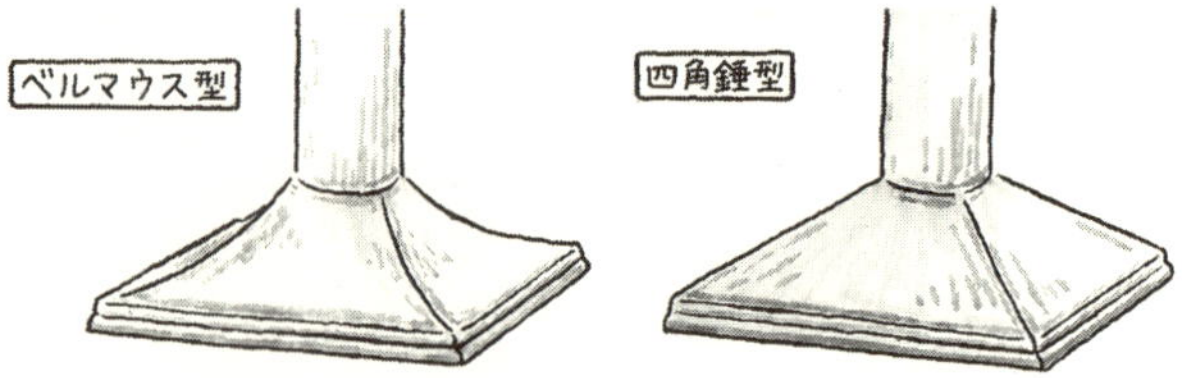
ベルマウス型
四角錘型

は、かなりの部分が煙となって空気中に消えてゆきます。もったいないことです。エネルギーの有効利用のためにも、煙突にもっといろいろな役割を担ってほしいものです。熱と煙が大量に流れる、というのが煙突の特徴ですから、それを活かしましょう。

煙突に燻製室をつける

たとえば煙突の途中に、ひとつポケットをつくって、そこで燻製もしくは熱調理ができるようにしてはいかがでしょうか。

下図①に示したのは、一度上がった煙を下げて、また上げるものです。陶芸の倒置式という煙突や薪ストーブにも、このように内部を仕切って熱効率を上げるものがあります。

小部屋をつくって熱を再利用

欧米でみられる多目的オーブンは、いくつかの部屋に煙や熱をグルグル回して一度にいろいろな料理をつくります。陶芸の窯でも、捨て間といって、煙突に炎を流す前にひとつ小部屋をつくることがあります。石窯の煙突にも応用すればおもしろいと思います。

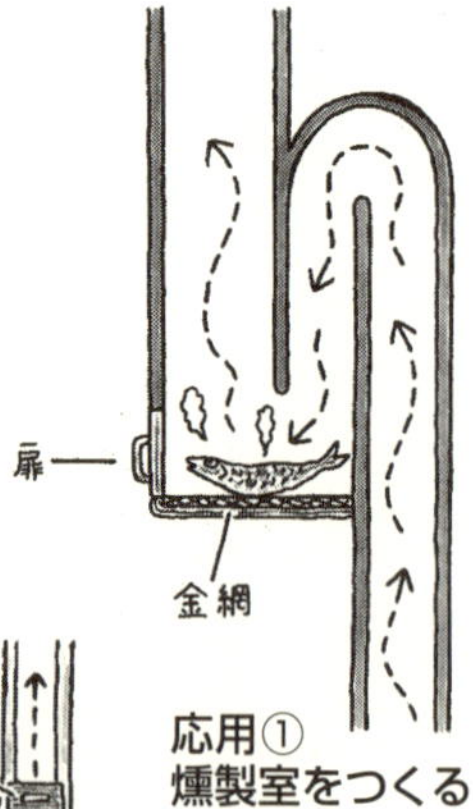
扉
金網

応用①
燻製室をつくる

木酢《もくさく》液をとる

木酢液というのは、木が燃えたときの煙に

応用③ 木酢液をとる

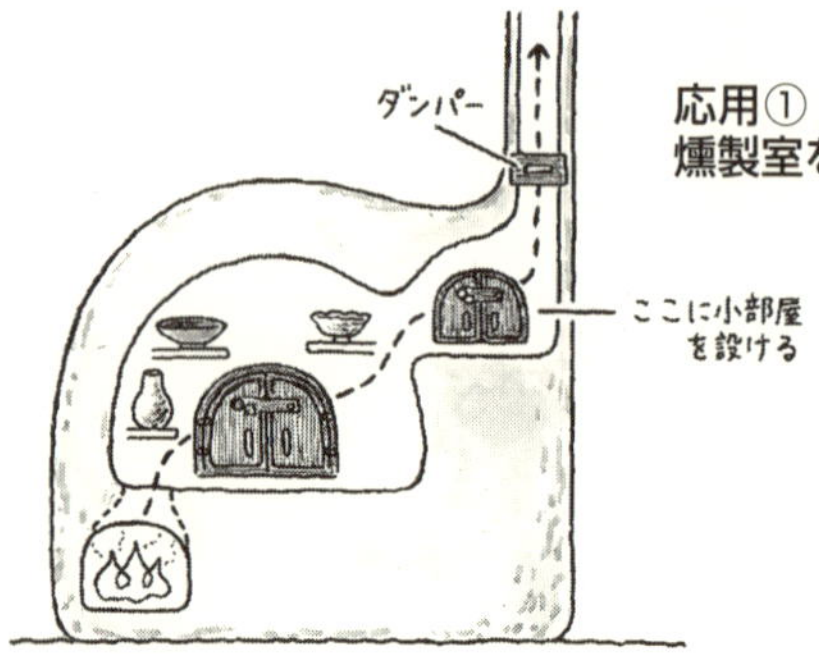
ダンパー
ここに小部屋を設ける

応用② 小部屋をつくり熱を再利用する

含まれる液体成分です。強い酸性で、強力な殺菌効果があるのが特徴で、畑の土づくりに使ったり、家の消臭剤になったり、水虫の薬にもなる万能選手です。

煙を誘導して、この木酢液を集めるのです。煙の温度が低いうちは質が悪く、煙の温度が高くなったときに良質のものがとれます。詳しくは炭焼きの本を参照してください。

コラム

なぜ日本に石窯がなかったのか?

なぜ日本には、石窯がなかったのか? これは、よくある質問です。

たしかに石窯はなかったかもしれませんが、炭焼きや陶芸の登り窯などの土の窯はありました。原理は石窯とまったく同じです。

では、どうして石でなく土で窯をつくったのか?

石を使う地域では、たとえばピラミッドを建てたエジプト文明のように、死や再生を超越した永遠の生命が信じられてきました。石は、朽ちることのない永遠の象徴なのです。

しかし日本の文化の底流には、死と再生を基調にした生命観があります。あらゆる生命は無常であり、朽ちて土に帰り、やがてまた大地から芽が伸びる。こうした生命の循環を土台に据えた文化は、石に象徴される永遠性を無意識に拒否していたのではないでしょうか。

以上はあくまでも私の仮説です。さて、いま日本に広まりつつある石窯が、どんな文化を実らせるか? それがじつに楽しみです。

石窯で家をデザインする

石窯の上を部屋にする

石窯の持つ熱は、料理だけに使うにはもったいないほどです。この熱をマルチに使える生活をデザインしましょう。

いちばん簡単なのが、石窯の上を部屋にしてしまうもの。石窯の上に寝床をつくる仕組みは、北欧では「おじいちゃんの棚」という名前で昔から伝えられているそうです。

神奈川の「草の実酵房」の石窯の上は、母屋から張り出したテラスになっています。欧米では造りつけの暖炉のように、家と一緒につくった石窯もあります。

熱交換装置で水をお湯にする

煙突を通る熱の量は膨大なものです。薪がはじめに持っていた潜在的な熱量のうち、少なからぬ割合が煙となって大気に逃げているのです。

その熱を利用して、水をお湯に換える熱交換システムをつくりませんか？　煙突の周囲に細い管を巻きつけ、湯沸し器の原理で中に水を通してお湯にするのです。

管の内径は、直径一五ミリから二〇ミリぐらいの細いものがよいでしょう。素材は、ステンレスならばSUSとい

う番手（数字）が低いものを使います。

この管をガスコンロで焼いて柔らかくして、煙突に巻きつけるのです。銅やアルミの管でも使えます。こちらはステンレスよりも低い温度で柔らかくなります。銅を焼くときは、色が変わるか変わらないかぐらいの温度で曲げます。

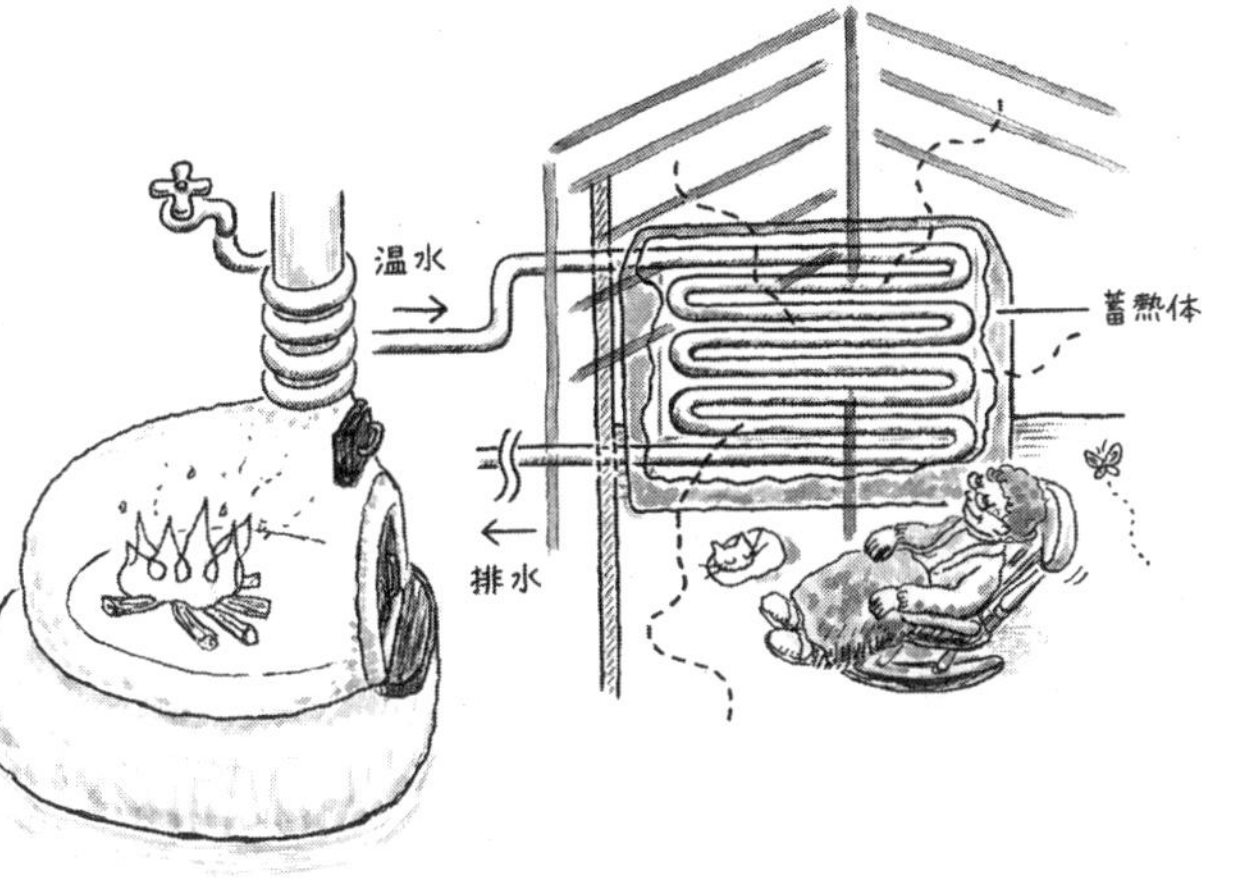

管の中で温められたお湯を、壁の内側や床下に循環させれば、じつに優れた暖房システムになります。家の壁や床に埋め込むのは大作業ですので、蓄熱材でつくった板の中にパイプを通し、それを家に配置すればよいでしょう。

放熱フィンで煙突の熱を暖房に利用

煙突を通る熱は、放熱フィンを使って暖房に利用しましょう。じつに簡単な仕組みですが、放熱フィンには驚くほど暖房効果があります。エアコンのパイプも、熱くなった部分を冷やすためにこの仕組みを使っています。

煙突の周囲にアルミのひれ（フィン）をつけて放熱させます。アルミの薄い板に煙突が通る穴を開けて煙突を通すだけです。フィンと煙突の隙間にアルミホイルを詰めて、熱が充分伝わるようにします。

石窯と風呂を結びつける

誰よりも変わったことがしたい方は、石窯の上を風呂にしてはいかがでしょう。

私は、一台目の石窯をつくったとき、石窯に使った残りの熾き火で風呂を沸かしていました。ひと仕事終わると風呂が待っているというのは極楽です。石窯に風呂という発想はじつに惹かれます。そこで考えたのが、図のような形です。石窯本体の熱を蓄熱板がリレーして、浴そうを温める。さらに前項の熱交換システムを応用して給湯もできるというシステムです。最大の問題は、誰が風呂に入って誰が石窯の前で汗を流すか。そこに尽きますね。

石窯の上に鉄の窯を置いて五右衛門風呂にするのはどう

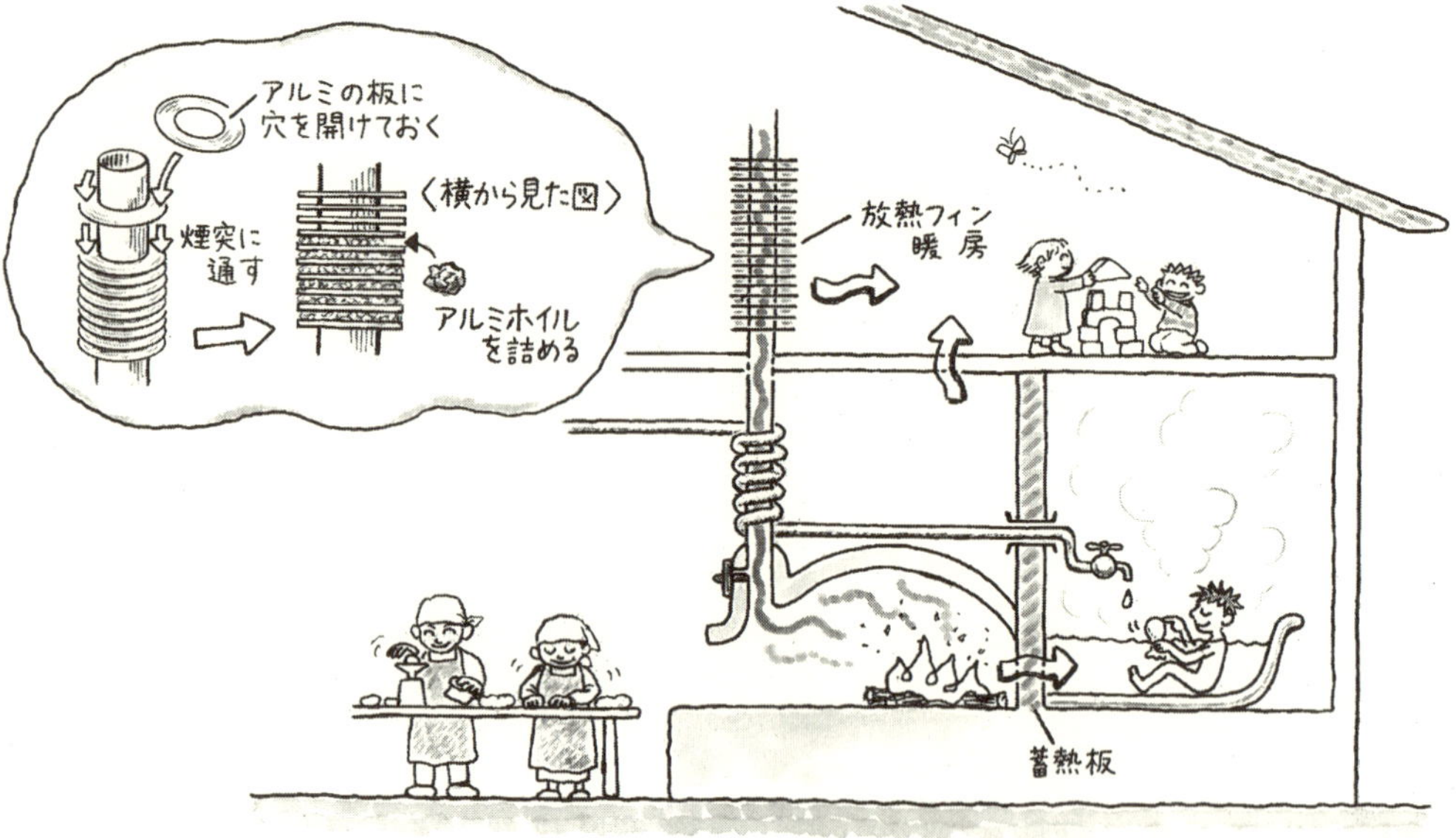
アルミの板に
穴を開けておく
煙突に
通す
〈横から見た図〉
アルミホイル
を詰める
放熱フィン
暖房
蓄熱板

か、というアイデアは、石窯を見学に来られた方の多くが夢見ていらっしゃいました。しかしまだ実行した人はいないようです。

そもそも技術的な課題があります。風呂釜に熱がたっぷり伝わるには、石窯と接する面積が広くないといけません。そのために石窯の構造を強くすることも必要です。さらに風呂を沸かすとなると、そのぶん石窯が蓄える熱量は少なくなります。そのあたりの按配をどうするか？　といったところです。

サウナ、草風呂で癒し窯

風呂と石窯を結びつけるなら、石窯の輻射熱を利用したサウナ風呂もおもしろそうです。

熱く火照った石窯の上に青い松葉を敷き、お湯をジャッとかけて、湯気の立つなかに横たわるのです。突飛なアイデアに思えるでしょうが、これは草風呂といって、奈良時代にあった病気を治すための由緒正しい風呂です。

ヨーロッパでも、大きな窯でパンを焼き、そのあと窯の中に水をかけて、蒸気が出た窯の中に裸で入って簡易サウナと洒落込んだそうです。

近頃は砂療法といって、首から下をすっぽり砂に数時間

埋まって毒を抜くセラピーがあるそうですが、さしずめ石窯の上に敷いた砂なら効果倍増でしょう。

このような石窯プラス風呂という夢の競演をなしとげるための技術的な課題には、石窯本体に湯が直接かからないようする、それでいて輻射熱を利用する、というハードルがあります。

べつにたいしたハードルではありませんから、それを乗り越えて、どなたか千年前のヨーロッパや日本の贅沢三昧を再現してくださいませんか。こんな癒し窯がいくつもあったら、村おこしにもなりますよ。少なくとも私なら、どんな山奥だろうと飛んで行きます。

炭焼き窯と石窯のドッキング

大きな炭焼き窯の上は、高温の状態が長いこと続きますね。あれだけの熱があれば、どれほどのパンが焼けることでしょう。炭焼き窯の上にラクダのこぶみたいに小さな石窯をつくれば、もうそれだけで次から次へとおいしいご飯ができることでしょう。

1

歯医者さんがつくった丘の上の石窯（岡山県倉敷市）

岡山県倉敷市の中心から、車で一時間ほどのところにある丘の上の住宅地。その中でも一番上の角に位置しているから、石窯の立つ庭（というか畑）はとても開けている。ここなら薪の煙も気にならない。

この石窯の制作者でありオーナーの難波旭禮《なんばあきら》さんは歯医者さん。難波さんの自家用車は、廃食油を燃料とするダブルキャブの一トントラック。石窯の薪や屋根の柱にする中古の電柱を運ぶために、この車にしたという。

石窯は耐火レンガをきれいなドーム型に並べた、かなりしっかりとしたつくり。土台にしているブロックは作業のしやすい腰の高さまであり、薪や道具入れにもなっている。電柱を使ってつくった石窯の屋根は、ちょっとしたログハウス風の小屋になっていて、石窯を中心に石窯空間がますます広がっていく様子がうかがえる。

窯の前の畑にはハーブ類。ゆくゆくは小麦もつくりたいと、お連れあいの有輝子さん。彼女は季節季節の酵母を育てて、塩と粉のみでどっしりとした噛みごたえのあるパンを焼いている。いただいたパンは赤米の酒種酵母で焼いたもの。生地のほのかなピンク色と皮の茶色が、何ともいいハーモニーを醸し出していた。手づくりの石窯だけでなく、酵母やパンにも難波さん流の創意工夫がある。

石窯に火を入れるのは一カ月に一度くらいだが、この空間を「遊楽旭輝堂《ゆらきょくきどう》」と名付け、休みの日には薪づくりや石窯のまわりに手を入れたりと、のんびり楽しく遊ぶことにしているそうだ。難波さんご夫妻が、この石窯をこよなくかわいがっていらっしゃる様子がほほえましくありました。

Part 4

おいしい笑顔が待っている石窯料理

●文末に記した名前は、その料理のレシピの担当です。
（須藤）は須藤 章、（岡）は岡 佳子が担当しました。

石窯料理のタイムテーブル

お客様をお招きすると、お喋りで段取りが乱れることもよくあります。気がついたら石窯の薪が燃え尽きていた、ということもあるのです。時間の管理は石窯を使う上で欠かせない作業です。

まず、タイムテーブルをつくりましょう。窯に火をつけ始める時間、窯が熱くなる見込み時間。それに合わせてパンや料理の仕込みの段取りに目安をつけるための、大まかなもので充分です。

高温が必要なメニューから、低温でじっくり仕込むものまで、順番を整理しておきましょう。

1 枯れ枝や薪を燃やす

Part2（64ページ）で書いた要領で、石窯で薪を燃やします。薪が燃え始めたときの深い森の香り。空気を裂いてはぜる音。ほんとうに石窯は五感すべてを楽しませてくれます。

2 窯の内側が黒から白になれば、そろそろ

薪が切れないように足しながら燃やしていると、窯の壁の内側が煤《すす》で真っ黒になります。それが一時間から二時間で内側がだんだん白くなってくる。これが「煤切れ」といって、まんべんなく煤切れすれば「そろそろよし」の目安です。

ただし、煤切れしてもすぐに薪を消さないこと。煤切れしてから壁の内側まで熱がまわりきるのに、時間がかかるからです。

理想的な温度管理のテクニックは、少し熱めに温度を上げてから、ほどよく下がったところで料理を始めることです。こうすると、窯全体に充分な熱が蓄えられます。このあたりの匙加減、はじめは難しいでしょうが、やがて、こうした窯との呼吸が楽しくなってきます。

3 熾き火を焼き床に広げる

内壁がじゅうぶん煤切れしたら、薪を足すのをやめて、熾き火を焼き床いっぱいに散らします。熾き火の熱量は相当なものですから、充分利用してください。そして焼き床に広がる百万ドルの輝きを堪能しましょう。

4 熾き火を掻き出せ

熾き火の勢いが落ちてきたら、全部灰になる前に掻き出します。連続燃焼方式の場合は、燃焼室に熾き火を落と

し込みます。

5　モップがけ二往復

熾き火のなくなった床を、濡らしたモップで拭きます。

一回か二回往復すれば充分です。床を拭いた水分がたちまち蒸発しますが、その具合を目でよく覚えてください。水分が蒸発する早さと床の熱さ（下火）の関係を経験で覚えるのです。

石窯のタイムテーブルの例

田舎パンとピザ、焼きりんご、ケーキ、ポトフの場合

時間	パン類の仕込み	パン以外の仕込み	石窯の作業
前日の作業	酵母の仕込み		
当日			
7:00	田舎パンこねる		
7:30	ピザこねる		窯に火をいれる
8:00			
8:30		ピザの具の準備	
9:00	田舎パン分割・発酵		
9:30	ピザ成形はじめ		窯の火を隅に寄せる
10:00	田舎パン成形・発酵		ピザを焼く
10:30			窯の火をまた強くする（追い焚き）
11:00			
11:30		焼きりんご準備	窯の火を徐々におとす
12:00	ケーキ計量・仕込み	ポトフ準備	田舎パン　焼きりんご
12:30	ケーキ型入れ		ポトフ
13:00			
13:30			ケーキ
14:00			
14:30			次の薪を窯に入れて乾かす
15:00			
15:30			
16:00			

6　水蒸気で窯全体の熱が均一になる

扉を閉めて五分ほど待ちます。モップがけで下がった窯の温度が回復し、モップの水蒸気で窯全体の熱が均一になってきます。スポーツ選手がウォーミングアップのあとで精神を集中するようなものです。

7　材料を入れたら扉は開けない

おもむろに扉を開けて材料を入れ、手早く扉を閉めて待つ。心配でつい開けてみたくなるけれど、温度を保つため、なるべくのぞかないほうがよいでしょう。ブザーつきのタイマーをセットして、あとは窯におまかせ。ここから無数のドラマが始まります。

8　料理は高温のものから低温へ

あとは、ひとつできたら次の料理、という具合に窯はひたすら働きます。高温の料理から低温でじっくり焼き込むものへと順を追っていきましょう。違う料理が同居しても、匂いがうつることは滅多にありません。

9　温度が知りたい人は

どうしても温度計がないと不安な方は、オーブンに使う小さなものを用意して、焼き床の隅に入れておけば目安になります。

10　次に使う薪を乾燥させる

料理がすべて終わったら、中に熾き火がくすぶっていないことを確認して、次に使う薪を窯の中に入れて乾かします。これは大事な作業です。一〇分ぐらい入れておくと薪の水分が大量の水蒸気になって出てきますから、扉を開けて水蒸気を逃がす。この作業を何度か繰り返してから、扉を閉めきって次回まで貯蔵しておきます。レシピに挙げた「ほうとう」や「ライ麦パン」のように一晩かけてゆっくり熱を通す「捨て窯」の場合は、薪と料理とで場所を分け合って夜を過ごしてください。

石窯料理の基本の技

1　扉を開けたまま、薪を燃やしながら焼く

ピザやフーガス、フォカチャ、チャパティ、ナンなどの平べったい生地は、扉を開けたままで薪を燃やしながら生地を焼きます。キッシュやグラタンなども、この方法でできます。たとえば窯の右隅で薪を一、二本トロリと燃やし、ちょっと距離をとって生地を二、三枚焼くといった具合です。

石窯は、熱を蓄えて使うのが原則ですから、あくまでも窯が熱くなってから生地を焼きます。目安は、煤切れです。床に散らばった熾き火を脇へ寄せて、濡れたモップで灰を拭きとってか

ら、生地を直に焼きます。

こうしたメニューは、他のパンと同じように余熱だけでもおいしく焼けますが、薪を横で燃やしながら生地を焼くと、次から次へ続けて作業ができ、ほどよい焦げ目がつけられます。生地がプーッと膨らむようすが見えるのも楽しいものです。

直火に近すぎると焦げる

ただし直火に近すぎると、外ばかり焦げて中が生焼けの、いわゆる焚き火料理になってしまいます。薪の炎は、料理のためではなく、窯を冷まさないのが役目です。

それでもピザ焼きで時間を取りすぎると窯の温度が下がってしまいがちです。ピザを焼いてから余熱でパンを焼くのならば、もういちど薪を三〇分ぐらい強く焚いて、温度を回復してから余熱の調理に進んでください。

なお、普通のパンは、薪を燃やしながらの方法では焼けません。あくまでも扉を閉めて余熱だけで焼きます。

2　余熱（輻射熱）で焼く

輻射熱は、大きな素材の芯まで通るので、芋やかぼちゃ、はては七面鳥など、普通のオーブンなら数時間かかるか、あるいは無理なものでも焼き込んでくれます。焼く直前に水蒸気を窯の中に充満させるのが火通しを良くするポイントです。小さなスープ皿に水を張って片隅に入れておくだけでも効果があります。

ところで、連続燃焼方式でない場合、石窯はだんだんと温度が下がっていきます。温度の高さによって以下のように調理するものが変わってきます。

A　一番窯＝いちばん最初の熱い状態

手を入れて三秒ぐらいで我慢でき

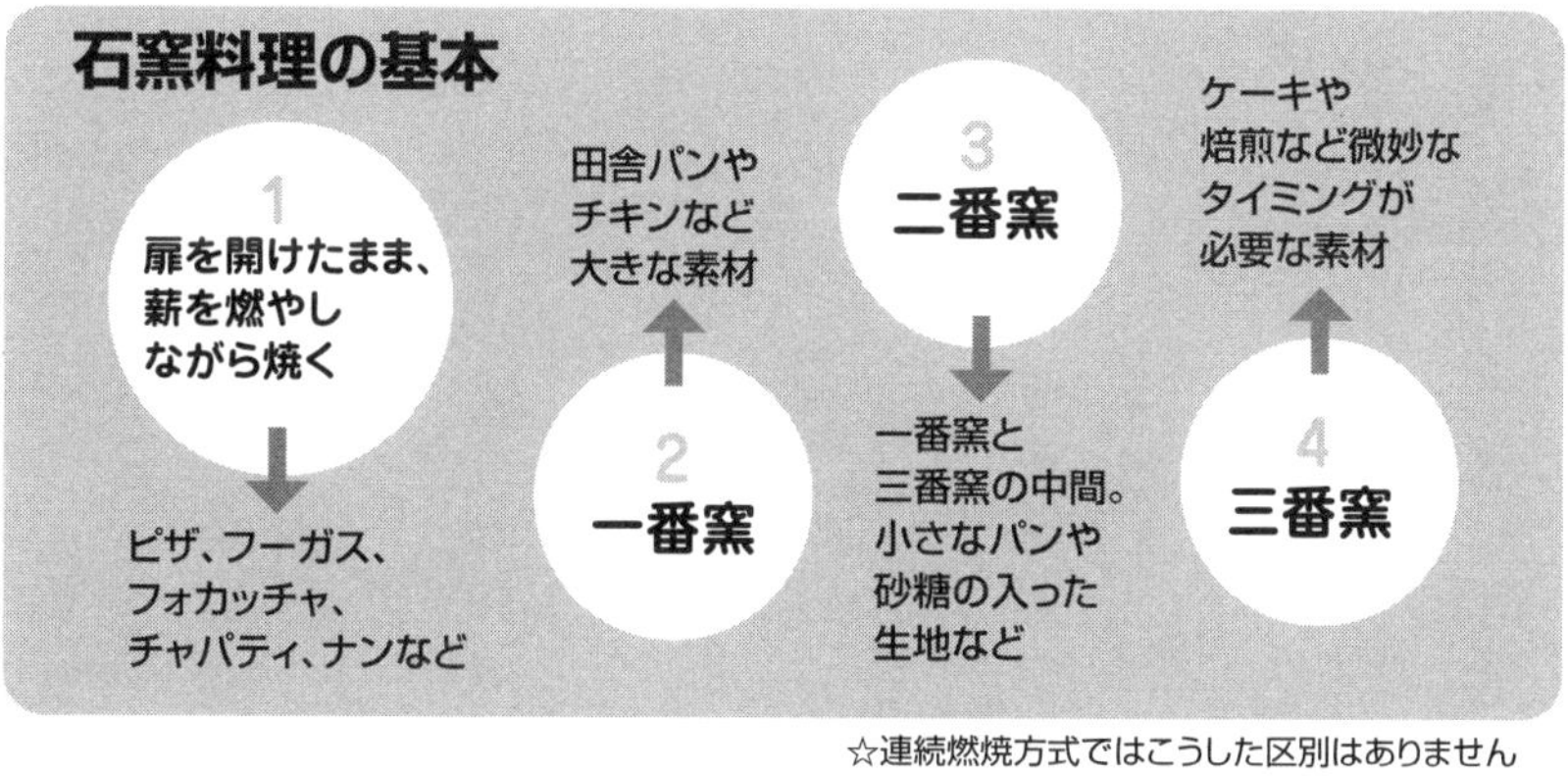
石窯料理の基本
1
扉を開けたまま、
薪を燃やし
ながら焼く
ピザ、フーガス、
フォカッチャ、
チャパティ、ナンなど
2
一番窯
田舎パンや
チキンなど
大きな素材
3
二番窯
一番窯と
三番窯の中間。
小さなパンや
砂糖の入った
生地など
4
三番窯
ケーキや
焙煎など微妙な
タイミングが
必要な素材

☆連続燃焼方式ではこうした区別はありません

なくなる。約二五〇度。

田舎パンやチキンなど、大きな素材を入れる。小さいものや砂糖の入ったものは焦げやすい。

B 二番窯＝やや温度が下がった状態

手を入れて五、六秒は大丈夫。約二〇〇度。小さめのパンや砂糖の入った生地など。

C 三番窯＝手を入れていられる

じっくり煮込みたいもの、燻製など。二〇〇度以下。

以上はあくまでも目安です。手を入れたときの温度というのは、窯の「気温」ですから、窯の力そのものではありません。大きな窯ほど身体に熱をたっぷり蓄えているので、手を入れてぬるく感じても、パワーはあります。

3 蒸す（一番、二番窯）

竹の中華せいろが便利です。平底の器（ボウルなど）に水を張り、そこにせいろをのせて石窯に入れるだけ。野趣を味わうなら、素材を竹や笹の葉で包んで麻ヒモで縛る。湯を張った土鍋に金網を渡し、そこに素材をのせて石窯へ。

4 燻《いぶ》す（二番、三番窯）

燻製、なまり節など。窯が温もったところで、煙を出すチップと素材を窯の中で同居させる。連続燃焼方式ならば、燃焼室で煙を焚いて燻せばよい。石窯は火通りがよいので、燻す時間も早くでき、味がよくしみる。煙突が燻製室を兼ねるようにつくればおもしろいでしょう。

5 低温で煮込む、焼き込む（二番、三番窯）

これまた石窯の得意技。石窯は、使い終わっても翌朝まで温かいので、その余熱を利用して料理する。低い温度で長時間じんわり味を引き出すので、アクが出ることもない。ありふれた素材を驚く味に仕立てるのが石窯の妙味なのです。

6 煎る、焙煎する（三番窯）

石窯の輻射熱は遠赤外線ですから、焙煎のためにあるようなものです。窯に手を入れてもしばらく大丈夫なぐらいの低温で使います。鉄板か脚つきの金網に素材をのせて石窯に入れるだけ。玄米や大麦ならば、鉄板に広げて焙煎できます。

石窯でパンを焼こう

石窯でできるメニューは色々あるけれど、醍醐味はやはりパン焼きだと思います。パン生地を入れて扉を閉め、期待と不安を織りまぜて待つ時間。さあよし、と扉を開けて、ぐんと盛りあがった生地と出会う感動は、何年味わっても新鮮です。

水蒸気は不可欠

石窯に限らず、あらゆるパン焼きには水蒸気が欠かせません。これがあるかないかで、焼け具合が天地ほど違います。

水蒸気があれば、できあがったパンの皮がパリッとして艶がでます。窯の熱もさらにしっかり通り、食味がよくなります。逆に、水蒸気なしで焼いたパンは、とくに粉と塩だけでこねるフランスパンなど、真っ白な顔になってしまって、見るも哀れです。

窯の中に水を入れた容器を置く

熾き火を掻き出したあとのモップで、おそらく窯の中には水蒸気がたちこめているはずです。扉から水蒸気が漏れるようなら、倒れにくい器に水を入れて、パンを焼く直前に窯の隅に置いておくと、なおよいでしょう。

窯の温度が高いときは、パン生地を入れて扉を閉める直前に、噴霧器で窯の内壁に霧を吹きつけたりもします。

丸い生地やバゲットは直焼きで

三〇〇グラムを超えるパン生地で、型に入れない生地やバゲットは、なるべく焼き床で直に焼きたいものです（いわゆるハースブレッド）。専用のピールがなくても、ベニヤ板や薄い金属の板に粉をふって滑りやすくし、パンをのせて手早く窯入れすればよろしい。窯の奥のほうからパン生地を「ひょっ

ひょっ」と置いていくのです。はじめは失敗もするでしょうが、慣れてくれば披露したくなります。

生地が多ければ鉄板を使う

生地を鉄板にのせて焼くのは、生地が多くて一個ずつ窯に入れるのに手間どるときや、下火が強くて焦げてしまいそうな場合です。それでも、ある程度焼けて形がしっかりしたら、途中から鉄板をはずして直に焼いてみましょう。下火が直接効くことで、食感も違ってきます。

上が焦げてしまう！

食パンは生地が盛りあがると石窯の天井が近くなり、焦げてしまいがちです。いつも上面が焦げるようなら、薪を燃やす時間を減らして天井の熱を控え、そのぶん熾き火を長めにして下火を強くするといった工夫が必要です。

途中で扉を開けて焦げそうな気配がしたら、噴霧器で天井に霧を吹きつけたり、アルミホイルを生地にかぶせたり、あの手この手で皆さん対応していますが、食パンをたくさん焼きたいのであれば、天井を高めに設計することをお勧めします（73ページ参照）。

下が焦げる場合は鉄板で調整

下火が強すぎるときは、モップで何度か拭けばおさまるのですが、下火が弱すぎてもパン生地が伸びなくなり、もったりした食感になってしまいます。私は、はじめ鉄板にのせてしばらく焼いてから、最後に鉄板をはずして直に焼きこみました。

焼き床に段差をつくらない

食パンを焼くときは、生地を入れた型を直接床に置きますが、焼き床のレンガが凸凹していると、缶を移動するときにひっかかって、場合によっては倒れてしまいます。焼き床のレンガはくれぐれも段差のないようにつくっておくことです。まずはレンガの下のコンクリートを滑らかにすることが大事です。

小さなパンやクロワッサン、パイも下が焦げやすいので、鉄板にのせて石窯に入れます。鉄板に敷くオーブンシートも、生地が焦げつかないので便利です。何度も使えて一枚五〇〇円ぐらい。

お父さんが、妻と娘のためにつくった石窯（東京都八王子市）

東京・八王子市の閑静な住宅街の路地を入って行くと、突然、直径三・六メートルはある大きな水車が目に飛び込んでくる。そこは蕎麦屋でも料理屋でもなさそう。どうも工務店の作業場のようだ。

なんとこの工務店の伊藤了一さん、お連れ合いの文子さんと娘のユキさんが焼くパンのために、三年前に本格的な石窯（角型　連続燃焼方式）を手づくりしたのだ。

石窯の横にはパン仕込み用の部屋もあり、麦を石臼で挽くための水車までつくっている。この水車、鉄などはいっさい使っていない。連結部分もすべて木でつくられている。仕事もそうだが、伊藤さんの木に対する思い入れが深いのだろう。近くの山では間伐材を手に入れて、石窯の薪に使ったり、炭焼きもしているという。

石窯の世話は主に文子さん、パン焼きはユキさんとの共同作業。この石窯は、焚き口とパンを調理する場所が別になっている。パンを焼くまでに二時間ほど薪を焚き口で燃やして、その煙はパン焼きの部屋のまわりをぐるりと回って、温めて、上の煙突から出て行く仕組み（95ページ連続燃焼方式参照）。だからパンを入れた後も焚き口には少し火を残しておき、追い焚きができるようになっている。

「娘といっしょにパンの中にいろんなものを入れたりして焼いているのよ。やっぱりこれで焼くとおいしい。たとえ焦げたとしてもね」と文子さん。しかもこれからは水車で挽いた粉が加わるのだから、世界一おいしいパンになるに違いない。水車の後ろには囲炉裏の部屋もつくられていて、「ゆくゆくは、友だちや近所の人たちとパン焼きをいっしょに楽しみたい」と抱負を語っていた。

※その料理に適した石窯の状態を、一番窯から三番窯で表示しました（115ページ参照）。表示時間は、石窯調理にかかるおよその目安です。

石窯で焼くパン

田舎パン（パン・ド・カンパーニュ）

自家製酵母でじっくり焼きこむパンの代表格

→口絵参照

一番窯

40分〜2時間

石窯ができたら、一度は田舎パンを焼いてください。それも五〇〇グラムから一キロ、二キロぐらいの大きな生地をぜひ。できれば、りんごやレーズンなどの果物から自家製の酵母を起こして焼いていただきたい。

そうして焼いた田舎パンは、焼けてから日数が経つほどに風味が熟成するのです。甘味や酸味、幾重もの微妙な香りに包まれたパンは、焼きたての食パンと双璧をなす奥深い世界です。

私は、歳の暮れの仕事納めにはいつも特大の田舎パンを焼きます。ビニールに密封して台所の隅に置いておき、おせちの絶えた七草明けの台所で、ひっそりビニールを開けると、濃厚に熟成した香りが漂います。これは正月の密かな愉しみです。

全粒粉で香りがアップする

パンの本には、専用の醗酵カゴを使うとありますが、金ザルかドンブリでもOKです。生地にキャンバスのような厚めの布をあてます。タオルは生地がくっついてしまうので不可。布には粉をよく擦り込んで、生地を寝かせ、あとは乾かさないように布でしっかり包みます。

田舎パンには、普通の粉だけでなく全粒粉も混ぜてください。これは麦をふすまごと挽いたもので、食物繊維やビタミンをたっぷり含んでいます。そして何より、香りがまったく違うのです。

私は、普通の粉と全粒粉を半々に混ぜた田舎パンが好きです。ポイントは、全粒粉だけ前の晩から同量の水と混ぜて密閉容器に入れ、ドロリと寝かせておくこと。空気中の酵母菌の力で、朝になるとほのかな自然醗酵の香りがして、旨みがじっくり引き出されます。

パンをあまり焼いていない台所だと棲みついている酵母菌の数も少ないので、0.1％ぐらいの自然塩を振り入れます。あくまでも自然塩です。「塩で湧かせる」という表現をしますが、日本酒の杜氏さんやビールのマイスターも、ごく微量の塩やミネラルが醗酵を強くするといっています。

おいしいパンは澄んだ音がする

醗酵した生地を、一時間半から二時間くらい焼きこみます。皮の厚さが一センチぐらいになれば最高です。

田舎パンは、徐々に窯の温度が下がるように焼きこみます。そのため、連続燃焼方式でも、あまり過熱はしません。しっかり焼きこんだ田舎パンは、もとの生地の八五パーセントぐらいの重さになります。

そして、底を指先で叩くと、カンカンと太鼓のように透き通った音がします。パン生地の水分が飛んで、気泡がしっかりできている証拠です。逆に焼けていないときは低くて鈍い音です。窯に戻して気長に焼きこみましょう。

よく焼けたパンは、表面の切れ込み（クープ）から中の皮がしっかり盛りあがっています。真横から見てください。元気なパンは、いわゆる腰の高いパンになります。力がないとフリスビーみたいに扁平になります。これは醗酵しすぎでダレたか、下火が弱かったか、そのあたりが原因です。田舎パンは、シンプルなだけに一番味の違いがわかる、奥の深いパンです。

次に、元気な酵母を育ててパンを焼くまでをご説明します。醗酵時間はあくまでも目安です。酵母の元気さなどによって異なるからです。細かい数字にとらわれず、少々思い通りにならずとも、「わが家のパンはこれで良いのだ！」と楽しく味わってください。

自家製酵母と田舎パンのつくり方

●自家製酵母を育てる

①酵母菌を呼ぶ餌を準備する。

素材によって酵母の風味が変わる。果実や芋はすりおろすかマッシュ。ドライフルーツはオイルコーティングのないもの。全粒粉や、水に浸して発芽した玄米をミキサーにかけたものもよい。

②ガラス瓶か密閉容器を消毒し、中に❶の素材と同量程度の水を入れ、25〜30度に保って数日待つ。この間、こまめに容器を振ってカビを防ぐ。

③小さい泡が浮いてアルコールや甘酸っぱい香りがしてくるのを確認する。腐った臭いやカビが出たら、❶からやり直し。

④泡が盛んになったら、ガーゼでこしてエキスをとり、小麦粉か全粒粉を混ぜてポタージュ状にする。再び30度に保つ。

⑤数時間で泡を吹きながら膨らむので、これを元種とする。元種1に対して粉3、水3を混ぜ、❹と同じ温度で醗酵を続ける。このとき、ほんの微量の自然塩を入れると醗酵が進む。粉や水を多く足してもよい。醗酵に時間はかかるが、ゆっくり熟成して風味が増す。

温度が低いと、醗酵に時間がかかるが熟成香が出る。あまり低温で時間をかけると、アルコール臭が強くなる。温度が高いと醗酵は早くなるが酸味が強くなる。

⑥❺の手順を3〜4回繰り返す。ただし、元種すべてに粉と水を足すと、酵母の量がネズミ算的に増えるので、できた酵母の一部だけを次の元種に使う。残りは小麦粉と混ぜて平たく伸ばし、焼いて食べる。生ゴミと混ぜれば、よく醗酵する。

⑦❺の手順を繰り返して、酵母に酸味や甘味や香りが広がればOK。これを冷蔵する。週に一度くらいは❺の手順で酵母を元気づける。一週間以上の長期間保存ならば、粉を多目に足して固い団子にし、ビニール袋で密封して冷蔵する。

⑧冷蔵した酵母は力が低下しているので、パンを焼く前日に❺の手順を繰り返して酵母に元気をつける。

●酵母づくりはマイペースで

・酵母の出来を判断するのは、鼻と舌が頼り。醗酵が不足だと粉の味ばかりで、醗酵が過ぎると酸っぱくなる。仕上げの段階では温度を30度以下にして調整する。

・家庭では厳密な温度管理は無理なので、以上の数字を目安にして「わが家のペース」をつくればよい。上手な人ほど適当なように見えるのは、マイペースだから。

・酵母に声をかけ、臭いを嗅ぎ、味をみるなどの対話を繰り返せば、家の中に酵母菌が増えてきて醗酵がしやすくなる。

田舎パンをつくろう

●前日の準備

①全粒粉と同量の水をよく混ぜて、

室温で置く。

②明日使う酵母を醗酵させ冷蔵する。

●当日の作業

①酵母を冷蔵庫から出してボウルに取る。40度の湯を張った器にボウルを浮かべて、酵母の目を覚ます。酵母が人肌になればよい。

②小麦粉に❶と自然塩と水を混ぜてこねる。国産小麦の生地はデリケートなので、絶対に叩かない、引っ張らない。生地を下に丸めるようにこねれば結構。粉が手につかないよう、手を濡らしながら作業すると楽。生地をビニール袋に入れて足踏みでこねるのもよい。こねる時間は15～20分で充分。手ごねの生地は自分で育つ。あとは乾燥しないように生地を密封し、30度で醗酵させる。

③1時間したら、また1～2回だけ軽くまとめて、生地を滑らかにする。レーズンやクルミを入れるならここで。

④1時間たったら生地を指でそっと押す。へこんだままになったら生地を好きなサイズに分割し、軽くまとめて張りを出し、醗酵を続ける。

⑤また1時間たったら丸めなおし、醗酵カゴで最後の醗酵をさせる。カゴは金ザルか、ツル草でオリジナルの醗酵カゴを編めばよい。生地が乾かないように、全体を布で包んで醗酵させる。

⑥1時間半から2時間ほど醗酵。布を開いて、生地のお尻をそっと優しく押す。張りがなくなってへこんだら醗酵完了。

⑦ピールに粉を振り、醗酵カゴの天地をそっと返して生地をのせる。

⑧生地の表面に安全カミソリでクープ（切れ込み）を入れる。生地が元気なら、かなり大胆に底近くまで深く切っても大丈夫。

⑨いよいよ窯入れ。1キロの生地なら、1時間以上は焼きこみたい。はじめは窯の奥のほうか中心部で焼き、最後は扉に近い手前でゆっくり焼きこむようにする。

慣れないうちは、窯が熱すぎて10分くらいで生地の色が濃くなったりする。そのときは少し扉を開けて、霧を吹きながら温度を冷ます。石窯の火加減に慣れてきたら、窯入れしてしばらくは扉を開けない。「赤子泣いても」の心構えで。

（須藤）

◆材料

国産小麦粉……………a
全粒粉 ………………… b

割合　aとbを足して100にする。両者の割合は、8対2から5対5まで。全粒粉が多いほど重くなるが、風味が増す。

自家製酵母 ……………40
自然塩 …………………2
水…………………50～60

水道水は、炭と一緒に汲み置きしておく。

ミルクパンとシナモンロール

草原の幸せを、セピアに焼きこんで

→口絵参照

二番窯

15分～20分

私のミルクパンは、近所の農家から牛乳を直接いただいてつくっていました。夕暮れの搾乳どきを見計らって行くと、搾りたての牛乳が甘い香りをたてています。大きな器にたっぷり牛乳をいただいて、日の暮れた山里を帰ってくるのは、都会のパン屋ではけっしてできない贅沢な仕込みでした。

●ミルク酵母をつくる

◆材料

割合

小麦粉	100
ミルク酵母	40
塩	2
黒砂糖	5～10
牛乳	50～60
バター	5ぐらい

①牛乳を30度に温めてから、同量のヨーグルトと小麦粉を混ぜて暖かいところに一晩置くと、健康食品のような甘酸っぱいものができあがる。

②こうしてできたものに、また同量の牛乳と粉を足して温めるという段取りを二、三回繰り返し、酵母菌と乳酸菌のブレンドされた元種をつくる。温める温度は30度以下で。

●パンを焼く

①小麦粉、ミルク酵母、塩、黒砂糖を混ぜて、牛乳でこねあげる。好みでバターを途中から練り込んでもよい。

②あとは田舎パンと同じ方法で醗酵させる。扱いやすい生地なので、ブタさんやカニさんや総理大臣など好きな形につくって遊べる。鉄板にのせて窯入れする。

・この生地を平たく伸ばして、シナモンと黒砂糖を振り、ロールしてから輪切りにしたものを鉄板に並べて焼けば、シナモンロールになります。

・この本で使っているバターは、すべて有塩です。

（須藤）

ライ麦パン

野趣あふれる北国の吟醸

二番窯か三番窯

30分〜一晩

はじめはとっつきにくいのに、いつの間にか病みつきになるのがライ麦パン。独自のライ酵母で仕込みます。

●ライ酵母をつくる

①ライ麦の粉を同量の水でこねて、暖かいところに置いておく。数日で醗酵してフルーティーな香りが漂う。

②❶に、またライ麦の粉と水を同量混ぜる手順を繰り返す。こうしてできたライ酵母は、穀物とは思えない吟醸香を放つ。こねあげた生地を全部焼かずに、一部を冷蔵すれば、それが低温でじっくり醗酵して次のライ麦パンの酵母になる。

●パンを焼く

①ライ麦粉、マッシュポテト、塩、ライ酵母に水を足して、味噌ぐらいの柔らかさにこねる。小麦粉ではないので、よく混ざればよい。温度は一貫してあまり高くせず、せいぜい25度くらい。

②1時間半ぐらい醗酵させたら食パンの型に詰める。ベトつくので、ボウルに水を張って手を濡らしながら隅のほうまできっちり詰める。

③25度くらいで1時間半から2時間醗酵させる。窯入れの目安は、生地全体がわずかに盛り上がって、表面に小さな穴がプツプツとあいてきたとき。

④低めの温度で窯入れ。30分ぐらいでサッと窯から出せば、しっとりした生地になる。余熱の石窯に一晩入れておけば、しっかり焼きこんだパンになる。

◆材料

割合	ライ麦粉	90
	ライ酵母	40
	塩	2
	水	50〜60
	マッシュポテト	10

・ライ麦パンは、焼きたてより数日たったほうが美味。温めずに、そのままどうぞ。文鎮みたいに重いのを薄く切って、燻製、漬け物、きんぴらごぼうと、あれこれ意外な組み合わせを試すのが愉快。秋の生ガキとのコンビは忘我の境地なり。

（須藤）

石窯版焼き栗と焼き芋のパン

秋の収穫をそのまま焼き込む楽しさ

→口絵参照

二番窯

20分～30分

栗が実ると、山のパン屋は忙しくなります。バケツに何杯も拾った栗を石窯で焼く。アツアツを冷ましたら大車輪で栗の皮むき。秋の夜長の仕事ゆえ、この石焼き栗をつまみに辛口の冷酒を汲むのが一興であります。

そうこうしていると、今度はさつまいもが掘りあがってきます。これはどうしても、千葉の三里塚のさつまいもがほしくなるのです。毎年無理をいって、送っていただきました。これまた石焼き芋にして、それだけでうまいのだけれど、パンに焼いて二度楽しむという欲張りです。

●下準備

栗とさつまいもを鉄板にのせて石窯で焼く。イモは適当に切って、ホックリ焼き込む。栗は全部焼かずに、一部を水と少々の砂糖で煮てシロップをつくっておく。

●栗のパン

①粉、栗（マッシュしたもの）、自家製酵母、塩を、栗のシロップと牛乳を半々ずつブレンドしたものでこねる。栗自体の水分で加える水分は変わってくる。耳たぶの固さになるよう調節する。

②生地がこねあがったら、バターとゆずの皮をすったものを練り込む。あとは田舎パンと同じ方法で焼きあげる。

●焼き芋のパン

①焼き芋（皮は好みで）をマッシュしてぬるま湯でペースト状にする。栗のパンと同様、イモの水分で変わるので、こねながら調節する。一部はつぶさずにサイの目に切っておく。

②ペースト状にしたさつまいもに粉と酵母と塩を加え、こねあげる。サイの目に切ったさつまいもを成形のときに練りこむ。あとは田舎パンと同様。

・サイの目に切った芋をバター、砂糖、洋酒でからめておくのもよい。

（須藤）

◆材料

栗のパン

割合	小麦粉	50
	自家製酵母	40
	塩	2
	栗（マッシュ）	50
	栗シロップと牛乳を半々に混ぜたもの	40～50
	バター	10
	ゆずの皮	

焼き芋のパン

割合	小麦粉	50
	自家製酵母	40
	塩	2
	焼き芋（マッシュ）	50
	焼き芋（サイの目）	50

おやきパン

故郷の味「おやき」を石窯で

ピザの後、熾き火を残したまま
扉を閉めて、または二番窯

5分〜
10分

まだ寒さの残る三月ころ、近所のおばあちゃんに「ふきみそのおやき」をよくもらいます。

一番に春を告げる、芽吹いたばかりのふきのとうを刻んで味噌に混ぜる。それを粉と砂糖、油、水といっしょにこねて平べったく成形したものを、厚手の鍋でじっくりと焼きます。重曹の力でふっくらとふくらみ、適度な焼き色がつきます。昔は囲炉裏の灰の中に入れて焼いたと聞きました。

「これを石窯で」と思い、生地を平らに成形して、ピザを焼いた後のまだ熾き火の残る窯の中に入れてみました。でも、ピザよりも厚みがあるので、なかなか思うようにいかない。

そこで石窯「マシュウ」と目が合う……。「よし蓋を閉めてやろう」。熾き火を残したまま石窯の扉を閉め、待つこと五分。気になって中をのぞくと、もうもうとした煙の中に、ふっくらして、ほどよい焼き色と灰をかぶったような「おやきパン」ができあがっていました。

◆材料（100g生地で10個分）

小麦粉	500g
自家製酵母	200g
砂糖	30g
塩	5g
卵	1個
牛乳	約150cc
ふきみそ	60g

①すべての材料をよくこね、1時間くらい醗酵させる。

②醗酵した生地を1個50〜100gくらいに分割し、平べったく成形し、さらに1時間くらい醗酵させる。

③窯に入れて焼く。窯の中の場所によって温度が異なるので、こまめに移動させたり、上下をひっくり返したりすること。

・ふきみその代わりに、あんこを混ぜこんでもおいしい。

（岡）

ピザ

お待たせしました。アツアツをどうぞ

→口絵参照

燃やしながら　約1分

材料を全部いっぺんに混ぜてこねます。田舎パンと同じ要領で2時間醗酵させたら分割、丸めてさらに1時間醗酵。焼く直前にめん棒や手でのばして焼きます。

石窯全体にまんべんなく火がまわり、窯の内側が白くなったらいよいよ料理の開始です。

①窯の中に残っている熾き火を左隅にやり、真中部分を水のついたモップで一～二往復拭く。じゅわああ、と心地よい音とともに水蒸気があがり、「さあどうぞ」といわんばかりの窯の状態になるでしょう。

②いったん窯の扉を閉めてから、ピザ生地をのばす。形は丸でも四角でもお好みで。厚さも、薄ければパリパリに、厚ければフワフワに、お好み次第。

③のばした生地を窯に入れる。わが家では無難に鉄板に並べて焼いていますが、ピザ屋さんのように、ピールに生地をのせて直に窯の中に入れてもOK。扉は開けたままで。火と生地の様子を見ながら、生地の場所を移動したりと、ここはちょっと気が抜けないところ。

◆材料（100gの生地で3枚分）

小麦粉	150g
自家製酵母	30g
塩	2.2g
オリーブオイル	15g
水	75cc

好みでスパイス
（ごま、とうがらし、パプリカなど）

④火の強さによって40秒から1分くらいで片面が焼きあがる。いったん焼きあがった生地を出して裏返し、まだ焼けていない面にトマトソースや具、チーズを並べる。

⑤❹をもう一度石窯の中に戻し、上にかかったチーズがほどよく溶けて、まさに生唾を飲み込むような状態になったらできあがり。アツアツをどうぞ！

★わが家の定番のピザトッピング

石窯で焼いた生地のうまみ、香りを味わうため、あくまでもシンプルなトッピングで楽しんでいます。

●トマトソース＋チーズ＋バジル

焼くときは、トマトソースをぬった上にチーズをのせるだけ。食べる直前に庭のバジルを摘んでのせる。ここでのポイントはおいしいトマトソースをつくること。

●しょうゆ＋のり＋チーズ

この順番でのせて焼くだけです。おせんべいのような、和風ピザです。

（岡）

●とっても簡単、トマトソースのレシピ

①トマトのヘタだけをとってザク切りにする。大きめでOK。小玉、中玉トマトならそのままでもいい。これを鍋に入れて強火にかける。すぐに水分が出てくるので、水もいりません。

②塩とにんにく（これも適当な大きさでOK）、ハーブ（バジルやパセリなどなんでも）を枝ごと加えてぐつぐつと煮る。水分が減ってくるので中火か弱火にして、時々鍋底を混ぜながら。だんだん焦げやすくなるので注意が必要。水分がなくなってきて、とろみが出たら（トマトの量は半分以下になっている）火を止めて冷ます。

③冷めたら鍋の中を全部いっしょにミキサーにかけてできあがり。

・ゆでたてのパスタに混ぜて、バジルをちぎって加えるとお店のパスタにも負けません。冷凍すれば長期保存できます。カレーに入れたり、ピザソースにしたりと利用価値は大。ピザソースの場合、必要な量をフライパンにとり、さらに煮詰めて使います。

ピタパンで遊ぼう

薪を燃やしながら焼く平たいパン

燃やしながら
3分～4分

生地を平たく伸ばして、薪の燃えている状態の石窯に入れて焼くパンを、ここではピタパンと総称します。ピザやフーガスの親戚です。

ピタパンは炊き込みご飯と一緒で、無数のバリエーションがあります。伸ばして焼くので、形がどうだこうだと悩むこともないし、醗酵のタイミングも適当で結構です。

意外な素材の組合せは、ヤミ鍋的なおもしろさがあって、新作珍作を考えるのは愉快です。石窯でワイワイ遊んで頬張るには、ぴったりのパンだと思います。

●基本のつくり方

①全部の材料を混ぜてこねる。

②30度前後の適当な温度で1時間半醗酵させる。

③100gか、それより小さいくらいに分割して、ふたたび1時間半醗酵させる。

④石窯の床を熾き火で充分熱くしてから、生地を置くあたりの熾き火をどかして、モップがけする。

⑤醗酵した生地をめん棒で伸ばし、窯の焼き床で直に焼く。専用のピールがなくても、ベニヤ板に粉を振って滑りやすくし、そこに生地をのせて「ひょっ」と置けばよろしい。詳しくは「石窯料理の基本の技」（114ページ）を参照。

（須藤）

◆材料

割合	小麦粉	100
	自家製酵母	40
	塩	2
	水	50～60
	いろいろな素材	

ピタパン百変化

おいしさのバリエーションは無限大

燃やしながら　3分〜4分

●**フォカチャ**

あふれんばかりのトマトで生地をこねあげ、赤や黄色のピーマンの乱切りとパセリを混ぜる。ローズマリーや黒オリーブを散らせば上等。仕上げにバジルペーストを練り込む。

●**レーズンとわさび**

微量のわさび（粉の0.5%ぐらい）のほのかな香りが、レーズンの甘味を引き締める。わさびはビタミンCが豊富なので、生地の食感もよくなる。ただしチューブ入りは不可。粉わさびか、理想では生のわさびをすって使いたい。レーズンは、一度水をかけて甘味をおとし、ザルで水気を切ってから使う。

●**しょうがと銀杏**

わさびと双壁をなす和風ピタ。しょうがを少しすって生地に混ぜる。こねた生地に、あらかじめ石窯でローストしておいた銀杏を混ぜて焼く。

●**ライ麦とじゃがいも**

ライ麦パンの生地を少し分けて、ピタにして食べる。とろっとした舌触りは、ライ麦ならではの味わい。

●**たまねぎ**

秋の収穫祭で、ぜひやっていただきたい逸品。こんがり炒めたたまねぎをミキサーにかけ、塩・コショウで味つけして練り込む。たまねぎだけで粉をこねるつもりで、たっぷりとたまねぎを使うのがおいしさの秘密。おかわりコールは必至。

●**おから**

粉60、おから40、これを酵母40と塩2でこねる。さっぱりした口あたりなので、これをベースに何か混ぜてもおもしろい。

●**じゃがいもとビール**

粉70、マッシュポテト30、酵母と塩、これをぬるいビールでこねる。なめらかだけどサックリした不思議な食感。

●**葡萄酒**

赤ワインを1／3ぐらいまで煮詰めたものと、普通の赤ワインを半々に混ぜて粉をこねる。レーズンやハチミツなどお好みで混ぜる。

●**コーヒー**

インスタントコーヒーを小麦粉100に

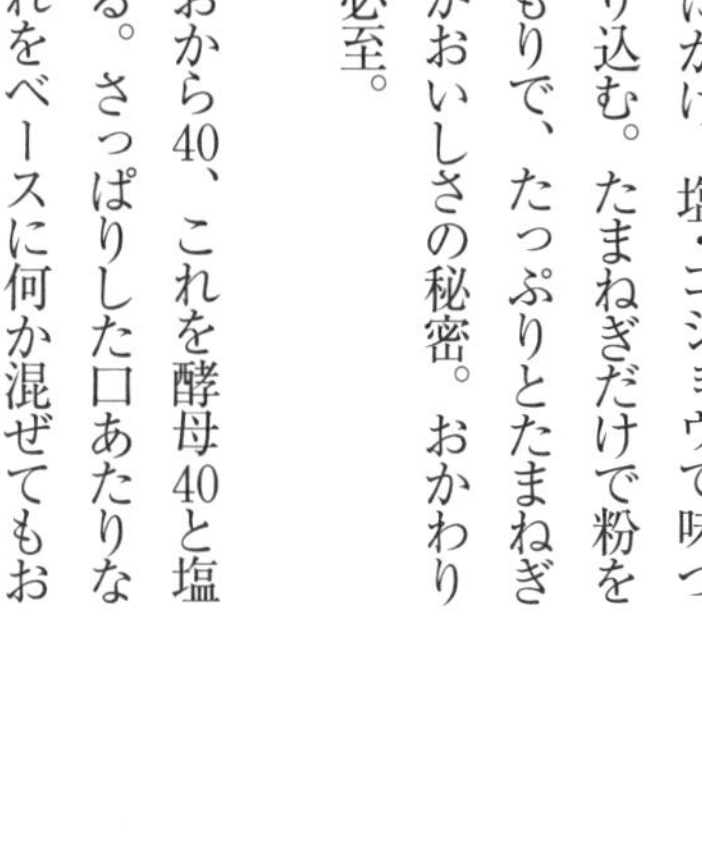

対して2の割合で混ぜる。牛乳でこねたり、砂糖を入れたり。

●バナナとキャロブ

キャロブパウダーは、イナゴマメのさやを粉にしたもので、製菓材料の店にある。小麦粉100に対してキャロブを2の割合。バナナは輪切りにしてバターで軽くソテーしてから、レモンを少しかけておくと変色しにくい。

●ナッツ盛り合わせ
(落花生、クルミ、ヒマワリなど)

ナッツはそれぞれ別の鉄板に分け、石窯でローストしておく。ヒマワリはすぐに色が変わるので注意。クルミの一部を刻んで練りこむと、渋皮の色が生地を紫色に染めてきれい。

●黒ごま

黒ごまと黒ごまペーストを練り込む。身体がじわっと暖まるメニューです。

●シードルとりんご

りんごは薄く切って土鍋に入れ、石窯で加熱する。クタッと水分が出るので、これとシードル(りんご酒)を混ぜて生地をこねる。仕上げにソテーしたりんごを練り込む。りんごの甘味と酸味をストレートに味わう。

●ラベンダーとハチミツ

ラベンダーのお茶で生地をこね、少々のハチミツで香りを添える。ハーブを使ったピタは、他にも生のタイムやフェンネルシードなど、いろいろできます。

どうですか? 「それなら、こんなのは?」とアイディアと生唾がわいてくるでしょう? (須藤)

フーガス・バジルフーガス

むずかしいからこそ、やりがいもあり

燃やしながら　2分〜3分

ピザと同様、窯の隅に熾き火を残したまま焼きます。ただし直火で焼くからといって窯の内部が充分に温まらないうちに始めると、なかなかうまく焼けません。多くの枚数を焼く場合は薪を足して、火を強めにしたりという配慮が大切です。

窯の火はもちろん生きているし、石窯自身も刻々と熱を変化させています。そして生地も一個一個生きています。ピザ、フーガスを焼くときは、石窯料理の中で一番緊張します。焼く直前に

◆材料（100gの生地で5枚分）

小麦粉	250g
自家製酵母	100g
塩	4.5g
砂糖	25g
卵	大1個
水	60ccくらい
バター	65g

（生地のこね具合で調整する）

※バジルフーガスの場合は、砂糖の代わりにバジルペーストを大さじ1入れる。水は50ccくらい

生地をのばして、乾燥しているようなら少々の霧吹きをかけたりという、こまかな配慮が必要なのです。だからこそ、うまく焼きあがった後は一番幸せな気分です。

このフーガス、フランス生まれの焼き菓子パンだそうですが、食感や平べったい形はまさにインドの「ナン」のよう。そこで「ナン」のようにカレーと一緒に食べる食事パンにしてしまおうと思いついてつくったのが「バジルフーガス」です。

このバジルフーガス、焼くとバジルの香りがして、色もほんのり若草色で、なんとも食欲をそそる一品になりました。「おやきパン」もそうですが、こんな感じで石窯とペアを組めば、あなただけのオリジナルレシピが生まれてきますよ。

①材料をこねて一次醗酵後、分割、丸めて二次醗酵。焼く直前に木の葉型にのばして、ナイフで中に葉脈もようを2本くらい入れる。

②焼く要領はピザと同じ。

・バジルペーストは、バジルの生葉とにんにく、オリーブオイル、松の実（またはクルミ）、塩をすりばちですり、ペースト状にしたもの。

（岡）

おばあちゃんのロシア・スープ

おいしい知恵は国境を越える

一番窯か二番窯

15分～30分

「おたくのパンは、何日かしたらご飯にのせて食べるとおいしいよ」と近所のおばあちゃんにいわれました。噛みごたえのある田舎パンを薄切りにして、炊きたてのご飯にのせるのだそうです。真似してみると、なるほどおいしい。

日数を経たパンも、ご飯の温かみでじんわりするのです。人生の大先輩の新鮮な発想力には脱帽です。

そもそも日本の食卓では、麦めしやうどんに余りご飯を入れたりして、麦と米が平和に共存していたのですよね。そこで、ひとひねりしました。

パンとご飯、という組み合わせを応用しましょう。

●用意するもの

①深い平皿
②おじや、中華粥、ミルク粥など
③醗酵しはじめたパン生地、またはパイ生地

②のどれかを深皿に入れ、③の生地を丸くのして、ふたをするように覆います。ふたは、皿の淵までしっかりかぶせて、はずれないよう、破れないようにします。

石窯に入れて10分かそこらでのぞいてみます。ふたになった生地がきのこみたいに膨れ上がって可愛らしいこと。ジワッ、パシパシッ、と歓声を上げて石窯から焼け出てきた黄金色のパイ皮に容赦なくフォークを突き立て、下の具と混ぜて頬張るのです。

②の中身をスープに替えれば、ロシア料理のきのこスープになります。はじめてフランスパンを食べた日本のおばあちゃんの発想が、こうしてロシアにつながりました……か？

（須藤）

縄文風・どんぐりのガレット

石窯ならアク抜きも簡単に

二番窯か三番窯

20分〜40分

「草の実酵房」の近くの神社には大きなトチの木があります。「トチの木持たずに嫁出すな」という諺もあるぐらいで、昔は飢饉になると、この実を食べたのだそうです。トチの木でなくとも、雨あられと降り注ぐような秋のどんぐりを眺めるにつけ、「ああもったいない」と思います。

どんぐりは縄文時代の大事な食べ物だったそうですが、アクを取るのが大変です。マテバシイやスダジイなど「シイ」の仲間は、鉄板にのせて石窯で焙煎すればそのまま食べられますが、それ以外のどんぐり（クヌギやコナラなど）は一週間ほど水にさらしてアクを取るとか。

でも石窯なら、そんな手間は不要です。他の料理の合間にどんぐりのアク抜きをして、ちょっと香ばしいガレットを焼きましょう。

●下準備

①ペンチでどんぐりの殻をはずす。

②大きな耐熱性の器にどんぐりと水をたっぷり入れ、石窯で燃やした木の灰を茶わん1杯分加える。

③石窯で薪を燃やす間、炎が直に当たらない隅のほうで器を熱する。

④アクが出て汚れた湯を1時間ごとに替えながら、灰も足す。

⑤どんぐりのアク抜きには合計4時間から5時間ぐらいかかるので、石窯の熾き火を掻き出したら、どんぐりの鍋も一緒に出し、熾き火の上にかけておく。

⑥どんぐりの中身を食べてみて、苦味が抜けていたらＯＫ。これをすり鉢でつぶしてペーストにする。冷凍で保存できる。

●ガレットづくり

①どんぐりペースト、全粒粉、小麦粉、砂糖（お好み）にバター（適当）をすり込む。このとき、材料はすべて冷やしておく。バターはできるだけ冷たい状態にし、細かく切ったものを粉に手早く擦り込む。

②❶に、塩、自家製酵母（またはイースト）、ハチミツ少々と水を混ぜて硬めにこねる。こねあげは20度くらいの低温でよい。それを30度くらいの場所に置いて約1時間半醗酵させる。

③めん棒で厚さ1センチくらいの板状に伸ばす。それを二つ折りして型抜きで抜く。

④鉄板に並べて、自家製酵母ならさらに1時間半ぐらい醗酵させる。指で軽く押しても生地が戻らないくらいに弾力が少し抜けたらOK。

⑤そのまま鉄板を石窯に入れて焼く。照りをつけるなら、黄身などを塗る。

（須藤）

◆材料

割合	どんぐりペースト	50
割合	全粒粉	20
割合	小麦粉	30
割合	自家製酵母	30
割合	砂糖	適宜
割合	バター	20
割合	塩	2
	ハチミツ	少々
	水	少々

シュトーレン

白い聖夜に、フルーツの極彩

三番窯　1時間〜1.5時間

クリスマスを迎えると、パン屋の一角は急に華やかになります。洋酒に漬け込んだフルーツや香ばしいナッツを、甘い醗酵生地でじっくり焼き込んだパン菓子がずらりと並ぶからです。腕自慢のパン屋さんは、夏から洋酒への漬け込みを始めています。時間と材料を贅沢に使うのです。

シュトーレンのように副材料をふんだんに使う場合は、中種法といって前日に生地の一部を仕込み、翌日仕上げの醗酵をさせて焼き込みます。かなり柔らかい生地ですので、小さなボウルにぬるま湯を張っておいて、手を濡らしながら生地を扱うとよいでしょう。

本来は、バターと砂糖で幾重にも包むようにして焼き込むのですが、ここでは砂糖を使わず、フルーツの甘みだけで仕込みました。それでも、クリスマスに焼いてから一カ月以上保存できます。田舎パンと同じで、日数を経るほどに味が変化していきます。大事に大事に薄く切って、一日ひとときれ味わってください。食べ終わる頃には、どこかに春が……。

◆材料

割合（中種）	小麦粉	100
	自家製酵母	70
	牛乳	70以下

ラム酒に漬け込んだレーズン、レモンピールなどのフルーツと、ナッツ類

割合	小麦粉	40〜45
	塩	2
	牛乳（または豆乳）	10
	ハチミツ	15
	スパイス入りバター	40

①素材を仕込む。
レーズン、カランツ、レモンピール、ゆず、梅、いちじく、フェンネルなどのフルーツを刻んで、ラム酒に漬け込む（できるだけ長い期間がよい）。

②窯入れの前日、バターにスパイス（シナモン、クローブ、メース、ナツメグ、オールスパイス、カルダモン、フェンネル酒など）を少々練り込んでおく。粉、酵母、冷たい牛乳（または豆乳）をこねて中種をつくり、乾かないように冷蔵しておく。

③クルミやピスタチオ、ひまわりなどのナッツ類を鉄板にのせ、石窯でローストしておく。ナッツの種類によってローストの時間が違うので、鉄板を分ける。表面がきつね色になればＯＫ。ヒマワリの種は焦げやすいので石窯の手前に入れて低温でローストする。粗熱を取ったらビニール袋に密封しておく。

④窯入れの当日、❷でつくった中種に、粉、牛乳か豆乳、ハチミツ、塩、スパイス入りバターを混ぜてこねる。

⑤❹の生地がしっかりこねあがったら、ラム酒浸けのフルーツやローストしたナッツをたっぷり混ぜる。少しずつ混ぜて、生地を切らないようにする。

⑥これを30度くらいで約1時間半醗酵させて成形し、鉄板で最後の醗酵（1時間半）をさせる。成形は、丸めた生地をハンバーグ状に伸ばし、真中をさらにめん棒でのして二つ折りにする。

⑦溶かしたバターを表面に塗り、鉄板にのせて低温で焼く。20分ごとに窯から出してバターを塗りながら、1時間から1時間半焼き込む。（須藤）

三日月ナッツ

サクッとした生地とクルミあんのハーモニー

→口絵参照

二番窯

20分

一六世紀、深夜のウィーンを徘徊していたオスマントルコ帝国の密偵を、夜中から起きていたパン屋が発見しました。おかげで見事トルコ軍を撃退したという功労から、イスラムの象徴である三日月を食べてしまえ、という勢いで発明されたパンです。

ちなみに、ウィーンからフランスに嫁いだマリー・アントワネットが、これを原型にしてつくらせた分家筋がクロワッサンです。

石窯で焼くのは、どっしり大きなパンばかりではありません。パイやクラッカーなど、一口サイズのお菓子もお手のものです。三日月ナッツは、サクッとした生地の中にほんのり甘いクルミあんを詰めました。じっくり焼きこむのと対照的に、短時間でサッと火を通す、石窯ならではの繊細な焼きあがりをご賞味あれ。

◆材料（鉄板一枚分）

小麦粉		100g
自家製酵母（またはイースト適量）		50g
塩		1g
砂糖		3g
牛乳		50cc
バター		30g
レモン汁		少々
あん	クルミ（ローストしてからスライスしたもの）	40g
	パン粉（ローストしたもの）	25g
	砂糖	15g
	熱湯	40cc

①ボウルに入れたバターを手で叩いて角が立つまでホイップし、砂糖を混ぜる。レモン汁を1滴ずつ混ぜる。

②小麦粉、牛乳、自家製酵母をこね、❶を練りこむ。これを30度くらいで1時間半醗酵させる。

③あんを準備する。ローストしてからスライスしたクルミと、ローストしてキツネ色になったパン粉、砂糖に、熱湯40ccを注いで熱いうちにこねる。ちょっと硬めにする。

④醗酵した❷を25gずつに分割し、1時間醗酵。

⑤❹をめん棒で楕円に伸ばして、❸のあんをのせて包む。両端を細くして少し曲げ、三日月の形にして鉄板で醗酵させる。

⑤およそ1時間半醗酵させたら窯に入れる。

（須藤）

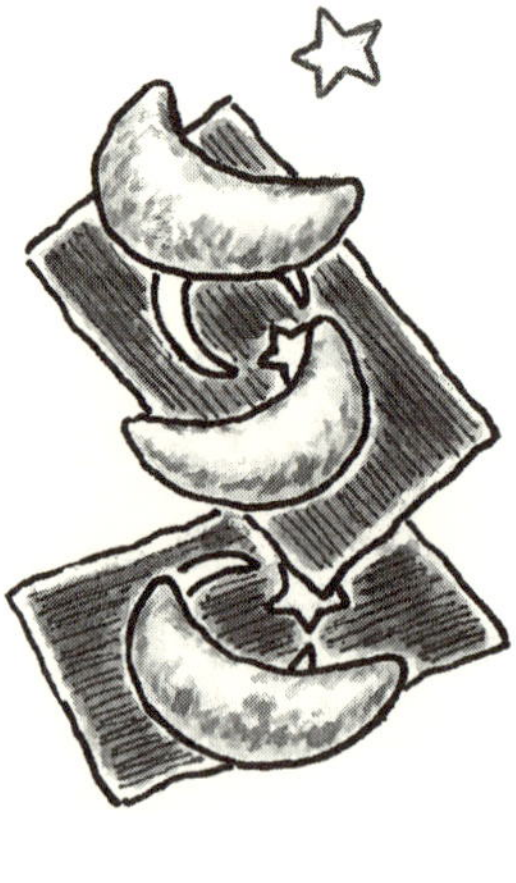

あずきのケーキ

あんから手づくりすればさらにおいしい

↓口絵参照（りんごケーキ）

三番窯

20分〜30分

ケーキは、パンを焼いた後の二〇〇度くらいの窯があれば充分です。季節の果物、木の実、野菜のペーストなどを混ぜ込んで、焼いてみましょう。

①バターと砂糖をよく練り、卵黄も入れてよく混ぜこむ。

②粉をふるっておく。卵白は角がたつくらいまでよく泡立てる。

③❶に❷の粉と卵白を半分ずつさっくりと混ぜ込む。粉っぽさがなくなるように。

④❸にあんをさっくりと混ぜこむ。

⑤薄く油を塗り、全体に粉をふった型に流し込んで焼く。

◆材料

基本の分量（高さ4.5cm×幅5.5cm×長さ30cmの焼型１個分）

小麦粉	150g
バター	120g
砂糖	75g
卵（大3個）	225g
粒あん（できれば手づくりで）	100g

・この分量を大体の目安にして、お手持ちの型で焼いてください。型の八分目くらいまで生地が入ればOK。私はキャンプ用の金物の丸い深皿を使ったり、平べったいお皿を使ってケーキ型にしています。

・あんの代わりに、りんご煮（シナモンを少々加えて）、マーマレード（レモン汁少々を生地にプラスして）、ドライフルーツ（ラム酒漬けにしておく）、かぼちゃペースト（生地にシナモン少々を入れると風味が増す）、ほうれんそうペースト、すりおろしたにんじん、山葡萄ジャムなどの材料で、あなた流で焼いてみてください。

（岡）

しいたけのキッシュ

秋の長雨で、パン工房の外のほだ木からしいたけが顔を出しています。「お、出てきたナ」と思ってトイレに行って出てくると、しいたけが、いまさっきより大きくなっているような……。このしいたけたちと「だるまさんが転んだ」をやったら、いっせいに飛びかかってきそうです。

恐いほどのしいたけの勢いですが、ひるんではいけません。石窯でキッシュにしてくれましょう。相手は秒単位でデカくなるのですから、手間ひまかけずにつくります。

①パイ生地をたくさん仕込んでおき、使わない分は小分けに冷凍する。しいたけが伸びた瞬間にパイ生地が緊急出動できる態勢を整えるわけ。

パイ生地を用意して

↓口絵参照

燃やしながら

5分

②鉄板にしいたけの乱切りをのせ、しょうゆをたらして石窯で焼く。

③おいしい匂いが漂ってきたら、一方で別の鉄板にパイ皿をのせ、パイ生地を敷いて石窯で焼く。パイ生地に軽く火が通ればよい。

④パイ生地の上にしいたけをどっさりのせる。上に溶き玉子と、銀杏、栗など季節の具を散らしてもう一度石窯へ。出てきたら、やけどをしないように頬ばる。ふと横を見れば、あ、またしいたけが……。

（須藤）

●パイ・キッシュの生地のつくり方

バター控えめ、砂糖なしのレシピです。

材料（一口パイが約12個）

小麦粉	250g
塩	2.5g
バター（練り込み用）	15g
卵	1／2個
冷水	約70g
バター（折り込み用）	100g

①材料は冷蔵庫で冷やす。練り込み用のバターは小さく切っておく。

②ふるった小麦粉に塩を混ぜ、練り込み用バターを手早く混ぜる。

③卵を溶き、冷水を足して110gにしたものをボウルに入れ、粉を少しずつ入れていく。

④耳たぶより少し固めにまとめる。粉っぽさがなくなればよい。こねすぎないこと。これをビニール袋に密封して一晩冷蔵。

⑤翌日、厚めのキャンバス地の布に粉を振り、その上で❹をめん棒で広げ、20センチ四方の正方形にする。

⑥折り込み用のバターをビニールで包んで、親の仇のように叩く。バターが温まらないうちに素早く。指で押して柔らかくへこんだら、15センチ四方の正方形にする。

⑦❺の生地に、バターを45度ずらしてのせ、生地を折って四隅からバターを包みこむ（図）。

⑧生地を3倍に伸ばして奥と手前から3つに折り、密封して1時間以上冷蔵する。

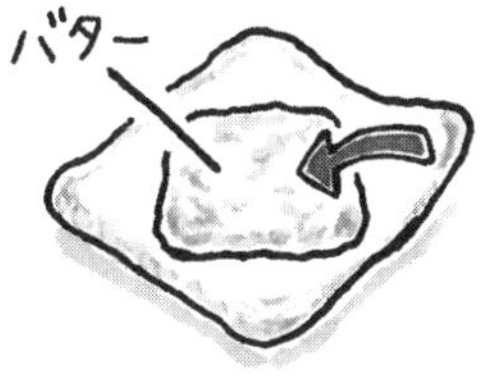

⑨生地を90度回転させて、また三つ折り。もう一度90度回転させて同じように三つ折り。これを密封して1時間以上冷蔵する。

⑩❾の生地を15センチ×20センチに伸ばして、5センチ四方の生地を12個切り取る。ここに具をのせて、好きな形に包んで鉄板にのせて焼く。

⑪キッシュにするなら、下に敷く生地と具の上にかぶせる生地との二枚分を、皿にあった大きさで切り取る。

・生地の粉に全粒粉を混ぜると香ばしくなります。

・折り込む回数は多いほど層が増えますが、国産の小麦粉は、あまり折る回数を増やすと層がつぶれてしまいます。

（須藤）

畑のパイ

季節の恵みを大らかに

→口絵参照

一番窯か二番窯

20分

畑は、ときに思いがけないほど大量の収穫をもたらしてくれます。「こんなにたくさんどうしよう」と嬉しい悲鳴をあげることもしばしばです。そんなときには石窯で、おいしい旬のパイを味わってください。収穫祭でも喝采を浴びることうけあいです。

パイのフィリング（詰め物）のメニューは、ピタパンと同じように無限にあります。細かいことは抜きにして、季節の恵みを大らかに味わいましょう。

パイ生地は、あらかじめつくって小分けしたものをビニールに密封して冷凍しておけば便利です。

パイは鉄板に生地を並べて焼きます。慣れないうちは、窯入れしてから五分ぐらいでまず様子を見てください。底が焦げていませんか？　焦げそうなら、鉄板をもう一枚重ねるか、いったん鉄板を外に出してモップをかけ、下火を抑えます。

●アップルパイ

鍋の底にほんの少々の塩を振って、薄くスライスしたりんごを放り込みます。鍋ごと石窯に入れて10分ほど。クタッとなって水分が出れば下ごしらえ完了です。砂糖を使わなくても、これでりんごの甘味が充分引き出されます。鍋にたまったりんごの煮汁は、室温に置いておくと自然醗酵してきます。いわゆるシードル（りんご酒）の原型です。これに小麦粉を混ぜて醗酵を続ければ、上質のりんご酵母に育ちます。

●にんじんのパイ

砂糖は使いません。畑から引っこ抜いたそのままを、シャベルで叩き切って、せいろに入れて石窯で蒸す。鮮やかな赤がはち切れそうに蒸れたところをマッシュして、ひと塩。にんじんの若い葉も刻んで散らす。そこに、旬のゆずを絞ってひきしめる。同じ季節に同じ地域で採れたもの同士を組み合わせると、たいてい間違いがないのですが、これは不思議なことではないですね。

●かぼちゃのパイ

これまたにんじんのようにダイナミックに切ったら、皮つきのまま鉄板に並べて焼きます。箸が通るぐらいまで焼けたら、実をスプーンで取り出してマッシュ。かぼちゃの皮もおいしいので、こまかく刻んでパイの具に混ぜるといいでしょう。

●レモン（シトラス）のパイ

レモンやゆず、甘夏など、柑橘類がゴロゴロとれたときに、このパイをつくります。カスタードのようなフィリングをつくるので、タイミングが大事なのと、皮をすりおろすのにひと手間かかりますが、そうするだけの価値はある絶品です。

●その他

ささがきにしてゆでたゴボウとブルーチーズの組合せや、ナスをオリーブオイルで炒めてパテ（ペースト）にしたものなど、アイデアはいろいろあります。大きなパイ皿でキッシュにして、切り分けても愉しいですね。大いに遊んでください。

（須藤）

レモンパイのフィリング

◆材料（8個分）

バター	20g
レモン果汁	70cc
レモンの皮をすりおろしたもの	15g
卵黄	4個
お湯	250cc
ハチミツ	80g
砂糖	5g
コーンスターチ	30g
バニラエッセンス	1滴
コアントロー	少々

①バターを室温に戻す。レモンの果汁を絞り、皮をすりおろしておく。
②卵黄を泡立てる。
③❷を30～40度のお湯で湯せんしながら、ハチミツと砂糖を加えて混ぜる。
④ここにふるったコーンスターチを加えて泡立てたら、レモン果汁とレモンの皮のすりおろしを加える。
⑤❹を火にかけ、少しとろみがついたらバターを一度に手早く混ぜ、再び湯せんしながら泡立てる。
⑥バニラエッセンスとコアントロー（洋酒）を加えて軽く混ぜ、バットに移す。平らにならして冷やす。

秋の丸焼き（焼きりんご・プッチーニかぼちゃ）

↓口絵参照

目から秋を堪能しよう

二番窯

10分

夕焼け色の「焼きりんご」の思い出

秋のおやつとしては、私の小さい頃からの定番だった「焼きりんご」。

石窯を手に入れたとき、「焼きりんごは必ず」と心に固く誓い、秋、紅玉の出るときをじっと待ったものです。もちろんその期待は裏切られませんでした。黒光りする石窯の鉄扉から現れ出た、赤い夕焼け色をしたりんご。

なぜか幼いとき、焼きりんごをはじめて目にした光景が思い出されました。しわの刻まれたおばあちゃんの手でオーブンから取り出された、溶けたバターで艶々したりんご。それを歓声を上げて見つめていた従姉と私と弟。食べ物にはおそろしく様々な記憶が宿っているものです。その思い出が石窯といっしょに記憶されていくであろうわが息子たち。親ながら、うらやましく思います。

黄金色に輝く「プッチーニかぼちゃ」

もうひとつ幼い記憶の糸を紡ぎだすものがあります。シンデレラのかぼちゃの馬車を憶えていますか？　丸くころっとした黄色い馬車にそっくりなのが「プッチーニかぼちゃ」です。鮮やかな黄色にオレンジ色の線が入った、てのひらにのるくらいのかぼちゃです。

このかぼちゃの上部をふたになるように切って、中のわたと種の部分をくりぬきます。ここにバターと砂糖を詰め、切り取ったふたをして石窯の中へ。

石窯の扉を閉めて、中まで充分に柔らかくなるまでしばし待つ。重々しく扉を開くと、出てきたのは黄金色に輝くかぼちゃ。その色に負けないくらいキラキラした瞳で迎える老若男女たち。いつのまにか石窯の魔法のとりこになっていることでしょう。

・りんごとかぼちゃに詰めるバターと砂糖（またはハチミツ）の分量は、お好みにもよりますが、それぞれ小さじ2杯くらいが適当です。

・プッチーニかぼちゃがなくても、小さめのかぼちゃならＯＫ。ただしその場合、大きさによってバターと砂糖の量を変えてください。

・りんごもかぼちゃも、石窯が比較的高温を保っているときに入れます。黄色いかぼちゃの皮に、ところどころ焼色がつくくらいがおいしい。

・焼いている途中、バターと砂糖が溢れ出てきます。少し深めの金物や陶器の皿に入れて焼きましょう。皿に残った汁は、パンをひたして食べるとおいしい。

（岡）

燻製〈温燻〉

アイデアしだいで楽しめる

最後に熾きとチップを足して

5分〜1時間

いろいろな料理をしたあとの、最後の窯を利用します。ただし、あまり冷めた状態だと、材料によっては火の通りに時間がかかるので気をつけて。

材料は何でもあり！　みなさんのアイデアで何でもお試しあれ！

・鶏肉、豚バラブロック→前日に塩コショウかしょうゆで下味をつける。
・魚→干物や塩鮭をそのまま。
・卵→ゆでて、しょうゆで下味をつける。ゆでただけで、下味をつけなくてもおいしい。
・チーズ→安いプロセスチーズがスモークチーズに早変わり。
・豆腐→3日くらい前から味噌につけておく。まるで上等のチーズのようになる。
・ちくわ、かまぼこ→そのまま。煙の香りひとつでワインのお供にもなる。

・肉や魚などの燻製には、本格的な燻製用漬け汁があります。それについては、たくさん燻製の本が出版されていますので参照してください。私は、自然の煙の香りと味がわかるよう、シンプルに仕上げます。

①石窯の中央に、窯を温めた後に取り出した熾き火を入れます（このために灰や熾き火は、金属のバケツにでも入れて取っておきましょう。一晩くらいはその中で火をおこし続けています。そのまだカッカと熱い火を入れてください）。

②熾き火の上にチップ（桜やりんご）

をばらばらとかけると、モクモクと香りのよい煙が出てきます。市販のチップが便利ですが、桜などの木や枝を鉈で鉛筆削りの要領で削ったり、カンナがあればそれで削ってもよい。手間はかかりますが、手間をかけるだけのおいしさは保証します。

③ここに足つきの金網（なければレンガや石で足をつくり、その上に金網をのせるとよい）を置き、材料をのせます。後は窯の扉を少し開けた状態で待つのみ。

④材料を置く場所によって、火の通り方や燻され方が異なるので、何度か場所移動が必要です。また空気の通りが少なすぎると煙（火）が消えてしまうこともあるので、時々空気も送り込んでください。いい焼き色（燻し色）がついたらできあがり。肉の場合は竹串を刺して、肉汁が出てこなければOKです。（岡）

カツオのなまり節

黒潮と石窯が出会うところ

三番窯

数時間

七月から九月の宮古島は、叩きつける陽射しで目が開けられません。それでも島の人たちが港にやってくるのは、揚がってくるカツオが目当てだから。

港の工場では、漁船から放り出された精悍なカツオが、その場で燻されてカツオ節やなまり節になります。

ほっかり湯気をたてて新聞紙に包まれたなまり節を抱えれば、猫でなくとも生唾が止まらないもの。熟成した泡盛の古酒を仕入れて、踊るように帰るのです。

当地のなまり節は、カツオを丸ごとダイナミックに燻すのですが、それでは時間とお金がかかるので、ここではコンパクトな切り身で再現しましょう。いちどつくるとパック詰めの市販品など食べられなくなりますが、覚悟はよろしいですか?

①カツオの切り身（半身）を用意し、80度前後で1時間ほど煮る。

②鉄板の上に隙間を空けて網を置き、切り身をのせて石窯に入れる。石窯の温度はぬるめ（手をずっと入れていられるぐらい）。

③石窯の隅で、ナラやブナなどの広葉樹をちょろちょろ燃やして煙を出す。

④石窯の扉は閉めておき、煙を充満させる。火が消えてしまうようなら、少し扉を開けておくか、開けたり閉めたりするなどして空気を補給する。

⑤3時間からそれ以上、切り身全体がこんがりカツオ節の色になり、香りがついたらできあがり。

・次の日にまた燻すと、さらに深い味わいになる。保存はビニール袋に入れて冷凍。

・低温で長い時間石窯を使うときは、まず高い温度まで上げて、他の料理などをして石窯全体に熱をまわしてから、やがて温度が下がってきたところを使うのがコツ。

・なまり節は、ほぐせばそのまま酒の肴になりますが、だしを取ると絶妙です。

（須藤）

ローストチキン

大地の恵みに感謝して焼きあげる

↓口絵参照

一番窯か二番窯

約1時間

飼っていた鶏をはじめて潰したとき、手が凍るように冷たかった…。首をひねった後、まだ体が温かいうちに毛をむしるのですが、その温かさとは裏腹に、徐々に消えていく鶏の体温の冷たさだけが今でも手のうちに残っています。

悲しいことに、その肉の味は格別でした。おいしくて、もったいなくて、ありがたくて、内臓も皮もひとつも無駄にしなかった。なんとその骨からは一〇回もスープを取り、最後は砕いてわが家の犬と猫のおなかにおさまりました。もちろんむしった羽や毛、血は堆肥に積んで、翌年の野菜に還元されました。

自らの手で潰した鶏を、丸ごと石窯で焼く。自らの手でつくった石窯で、しかも薪を燃やす熱だけで。一年に一度でいい。こんな贅沢を、大地の自然の恵みに感謝しながら、行なってみてはどうでしょう。もちろん鶏を潰すのは難しいことですが、それが市販の鶏であった場合でも、生き物の命を大切にいただく気持ちは持ってほしいと思います。

①わが家では、潰して下処理をした鶏に塩コショウでマッサージして、タイムやローリエ、コリアンダーなど、その場にあるハーブを体のまわりに散らしたり、中に入れる。お腹の中への詰め物もお好みで。バターライスやクルミなどのナッツ類やマッシュポテト、かぼちゃのペーストなどもおすすめ。

②麻ひもで縛って形を整えたら鉄板の上に座らせて、高温の窯の中へ。この時、鉄板のまわりのスペースに、じゃがいもやにんにくを皮付きのまま丸ごとゴロンとのせる。りんごの芯をくりぬいて、バターとハチミツを詰めたもの（144ページ参照）ものせて焼き、アップルソースも同時につくってしまおう!

③途中、窯の中をのぞいて焼き色が薄かったら、オリーブオイルを表面に塗る。竹串を鶏の中心に刺してみて、濁った汁が出なければできあがり。

（岡）

びっくりエッグ

生まれてくるのはいったい何？

→口絵参照

一番窯

1時間～1.5時間

一メートルのバゲットや五キロのハンバーグ、丸太より太いロールケーキ……。少年少女の頃、夢の中でかぶりついたハッピーなメニューを石窯で実現したいと思いませんか？

ここでつくるのは大きなたまご。塩味の効いた小麦粉の皮で素材をたまご状に包んで焼く、いわゆる塩焼きのバリエーションです。

焼きあがった殻をバリッと割ると、はてさて産まれてくるのはダチョウ？ 恐竜？ それともどこかの王子様？

①たまごの中身を準備する。アイデアで勝負。鶏や七面鳥を丸ごと入れれば、まさにたまごになる。ひき肉にハーブを練り込んで、ターメリックで黄色く色づけし、黄身のように丸くこねるのも楽しい。

②たまごの外側をつくる。中身の大きさに応じて小麦粉を適当に用意し、粉の重さに対して4割の塩を混ぜて、水で粘土のように硬めにこねる。この塩分が中身にしみて味をつける。当然ながらこの皮は塩辛くて食べられません。

③中身を皮で包む。大きいたまごほど、硬めの皮で厚めに包まないと、途中で破れてしまうので気をつけて。

④高めの温度で焼きこむ。30センチ以上のたまごなら、1時間半かそれ以上。焼き込むほど味がしみてきます。

・皮に入れる塩は、中身がかぼちゃやじゃがいもなどのマッシュした野菜の場合は、粉の二割ぐらいでよい。たまごが直径15センチぐらいの小さなものなら、中身が肉であっても塩は控えめにしたほうがよい。

（須藤）

煮込み料理と蒸し物

ポトフ

根菜類をたっぷりとろう

↓口絵参照

三番窯で　一晩
二番窯で　1時間

洋風も和風もおまかせ。土鍋に材料を入れて、水を張る。あとは石窯の中で一晩お休みなさい。翌日、夢のようなおいしさに出会えること請け合い！　いろんな素材の競演を楽しんでください。

◆材料

たまねぎ、にんじん、
じゃがいも、大根など
野菜を何でも

ソーセージやベーコンなど
塩
にんにく
ローリエ
水

①たまねぎ、にんじん、じゃがいも（さつまいも、さといもでもＯＫ）、大根、かぶなどなどの根菜類は丸ごと。ソーセージやブロック肉、ベーコンなども、なるべく大きな塊で耐熱鍋に入れる。

②全部の材料がひたるくらいの水を入れ、塩少々とにんにく、ローリエを数枚入れて石窯へ。

・石窯の中でじっくりと素材の味が引き出されるため、ほんの少しの塩味で充分です。あとはお好みで、食卓で胡椒などを加えてどうぞ。
・鍋は取っ手部分もふたも溶けないものが必要だが、なければ土鍋でもＯＫ。
・キャベツやトマト、セロリなどもおいしい。
・ライ麦の黒パンを焼いたときには、ポトフのでき上がりにビーツを加えて、紅色スープになるまで軽く煮ます。サワークリームを添えれば「ボルシチ」のできあがり。

（岡）

ほうとう

甲州名物も、じっくりと味を染みこませる

→口絵参照

三番窯

一晩

ほうとうは山梨県の郷土料理。日本でマイナーになりつつある糊食文化の代表です。

うどんの生地を湯通しせずに、具と一緒に汁に放り込む。おかげで全体がどろっとするわけですが、これが寒い日の身体を温めてくれるのです。

ほうとうは、できたてよりも、囲炉裏にかけて灰の熾き火で一晩たったのを、野良仕事から戻って昼飯で食べるのがうまいのです。

囲炉裏のかわりに石窯で一晩過ごしていただいて、さて明日は畑仕事で腹を減らして、ほうとう三昧としましょうか。

①かぼちゃ、大根など冬のレギュラー野菜をざっくり切る。
②大きめの野菜は鉄板にのせ、石窯であらかじめ火を通す。
③鍋に味噌とだし汁を入れ、野菜を放り込む。
④粉100に対して水50〜55の割合で混ぜてうどんを打ち、ほぐしながら鍋に入れる。
⑤低い温度の石窯に入れ、そのままふたをして一晩過ごす。

（須藤）

湯豆腐

いつもの豆腐がもっとおいしくなる

三番窯

5分〜10分

土鍋に昆布をしき、豆腐をのせて水を張り石窯の中へ。石窯の温度にもよりますが、豆腐の中まであったかくなればできあがり。ほかほかの湯気をあげて窯の中から出てくるのは、嵯峨野の湯豆腐の味にも決して劣らない一品です。

（岡）

ラフテー

見かけは相当こってりしているのに、大きな器にドスンと出されても、なんだか、なんとなく、お腹に収まってしまうのが沖縄の豚肉料理の不思議です。そのわけは、肉を長時間煮込んで余計な脂肪を落とすからだといわれます。

ラフテーやポトフのように、こっくり煮込んで味を引き出すのは石窯の得意技です。

◆材料

豚三枚肉（かたまり）
泡盛
砂糖
塩
みりん
しょうゆ（または白みそ）

豚肉のおいしさを堪能

二番窯

30分

①大きめの鍋で、豚の三枚肉をかたまりのまま20～30分ゆでる。フォークで突いて血が出ないくらい。

②肉のゆで汁を布で漉し取り、泡盛をたっぷり入れ、砂糖、みりん、塩、しょうゆ、または白みそをまぜる。

③ゆでた三枚肉を適当な大きさに切り、❷と一緒に鍋に入れ、石窯に入れる。煮立たない温度でじっくりと時間をかける。

・那覇で食べたラフテーには、白みそをだしで溶いたものとつぶした落花生を混ぜて上にかけてありました。よく見るラフテーとはひと味違う上品なものでした。

（須藤）

ボウズ（モンゴル風蒸し餃子）

蒸したてをみんなでほおばろう

→口絵参照

二番窯

10分～15分

モンゴルの蒸しもの料理で、旧正月やお客様へのご馳走としてつくられます。とくに旧正月には一〇〇個から二〇〇個もいっぺんにつくるという、モンゴルのハレ食。

白い湯気を上げながら、わが家の石窯から出てきた「ボウズ」。モンゴルの大平原、ゲルの中で蒸したてをほおばるようにいただきます。

◆材料（10コ分）

＜生地＞

小麦粉	2カップ
水	60cc

＜中身＞

豚ひき肉	125g
たまねぎ	1個
塩	小さじ1.5～2

①粉と水をよく練って、乾かないようにラップで包み30分くらい寝かす。

②たまねぎはみじん切りにし、ひき肉、塩とよく練る。

③生地と中身を10等分して、生地をひとつずつ丸くのばし、中身を入れて包む（図参照）。

④せいろの底とボウズがくっつかないように薄く油をぬるか、シート（蒸し布）を敷いて、ボウズを並べる。

⑤水を張ったボウル（熱で溶けないもの）の上にせいろを置き、石窯の中へ。

⑥様子を見ながら、10分～15分蒸す。

・ボウズは何もつけないで食べるので、中身の塩かげんを工夫してください。

・たまねぎの量はお好みで。たまねぎが少ないと中身は硬く、多いとプリプリした感じになります。たまねぎを増やしたら、生地も増やします。

・モンゴルでは羊の肉を使用するので、独特の味と香りになります。羊肉が手に入ったら、ぜひとも本場の味に挑戦してみてください。

（岡）

ボウズの包み方
直径8～10cmくらいにのばす
大さじ山盛り1杯の具をのせる
フチを1cmくらい余らせるように2つ折り
外の皮を内側に波状に折り込む
アツアツを召し上がれ！

酒種まんじゅう・酒種あんぱん

里は暮れて、恋しきは酒の香

→口絵参照

一番窯か二番窯　15分～30分

石窯のパン屋を始めたとき、こんな田舎でパンが売れるのかな、とじつに不安でした。

ところがフタを開けてみると、意外なほど年配の方々が、重くてずっしりしたパンを喜んで食べてくださるのです。しかも「懐かしい味だね」とまでおっしゃるではありませんか。私はあっけにとられました。

じつは意外でもなんでもなく、そもそもこの地域は、うどんやまんじゅうを日常的に食べる麦食地帯だったのです。田舎＝米という思い込みの浅はかさでした。

その麦食地帯で伝統的につくられるのが、酒種まんじゅう。祭りや季節の節目には、家々の女衆が秘伝の酒種で仕込んだ酒種まんじゅうが登場します。自称他称のナンバーワンたちが無言で火花を散らして腕を競い合う酒種まんじゅうは、皮がどっしりと丈夫で、両手でちぎれば、ふわっと酒の芳香が鼻腔の奥に立ち昇ります。このまんじゅうを口にしたとき、石窯のパンが受け入れられた理由がわかりました。パンとまんじゅうとは、醗酵させてこねた麦を、焼くか蒸すかの違いだけなのです。

◆材料

割合
- 小麦粉……………………100
- 酒種……………………………30
- 塩………………………………2
- ぬるま湯…………50～55

あん（あずきやかぼちゃ）

●酒種をつくる

①瓶の底に澱のたまった生酒を買うか、どぶろくを手に入れる。底の澱を3倍くらいの量の小麦粉とぬるま湯にまぜ、トロトロにこねて密閉容器に入れふたを閉める。温度は30度くらいになればよい。

②密閉容器を炬燵で温める。または

発泡スチロールの箱やクーラーボックスを用意して、50度くらいのお湯を入れたガラス瓶と一緒に入れる。
③一晩置いてプクプク泡立ってきたら、また粉と水を足してトロトロにこね、❷の手順を繰り返す。
④これを繰り返すと3日目ぐらいに酒の香りがしてくる。これが酒種。

●まんじゅう、あんぱんをつくる

①小麦粉、酒種、塩を混ぜ、耳たぶくらいの硬さになるように、ぬるま湯でこねる。
②❶を密閉容器に入れ、❷の方法で醗酵させる。
③2時間たったら、これをまんじゅうの大きさにちぎって丸めてまた醗酵。乾かないように密閉容器か箱に入れる。
④1時間後、丸めた生地にゆでたあずきやかぼちゃ、野沢菜などのあんを詰め、また1時間ほど醗酵させる。あんを詰めたとき、あとではみ出ないようにお尻をキュッとひねっておく。

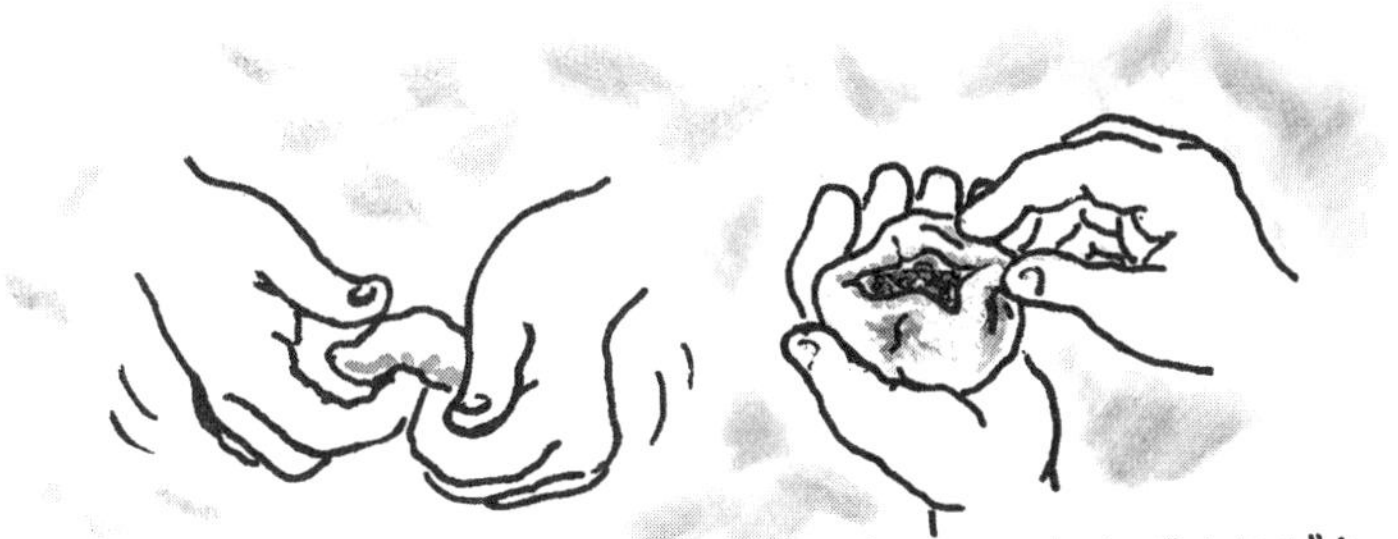

生地をまわしながら
中心を厚め、外側を薄めにのばす
徐々に口をすぼめながら
しっかり閉じる

⑤膨らんできた生地をそっと指で押してみると、ふっとへこんで戻らなくなるときがくる。このときが、醗酵が充分に進んだ目安。
⑥この生地を鉄板にのせて焼けば、あんぱんになる。まんじゅうにするなら❼へ。
⑦せいろに柏や笹などの葉っぱを敷き（なければクッキングシート）、その上にまんじゅうを置いてふたをする。
⑧水をたっぷり張ったボウルにせいろをのせて、そのまま石窯に入れる。温度は高くてよい。15分ほどで蒸しあがる。

・ここに書いた時間は、あくまでも目安です。神経質にならなくても適当に醗酵しますから大丈夫。本来の酒種は糀から日数をかけてつくるのですが、今回は手軽な方法にしました。（須藤）

乾燥・焙煎

ドライしいたけ・ドライハーブ

乾燥の仕上げに石窯を活用

→口絵参照

三番窯

40分〜一晩

悲しいかな、しいたけの収穫は梅雨か秋雨のジメジメした時期。三年前四、五本の木にしいたけの菌を打ち、収穫を楽しみに待っていましたが、雨のたびに次々にでき、あっという間に大きな傘を開いてしまう。生しいたけを食べるのも限界が、というわけで天日干しにしようとするのだが、なかなか晴れ間は現れず、いつのまにかカビだらけのしいたけになってしまいました。

何とか乾燥したと思っても、この時期の乾燥はすぐにあとからカビが生えてしまいます。そこで、乾燥の仕上げに熱の落ちた石窯に一晩入れてみたところ、結果は……それは見事に乾燥し、とても小さな塊になりました。そして、水で戻せばとてもよいダシがとれる。保存もすこぶる良好です。

ハーブも、摘んだものをそのまま最後の窯に入れます。ハーブは乾燥させすぎると香りを損ねます。状態を見ながら、適当なところで出してください。中よりも石窯の上に吊るしておくほうが無難。パン、ケーキが焼きあがる頃には、おいしいハーブティーがいれられるでしょう。

（岡）

大麦の焙煎で、究極のビールづくり

ここまでやるか、とライバルは絶句

三番窯

10分〜30分

手づくりビールが「静かな」以上のブームとなってきました。友人を驚かせようとビールを仕込んでいたら、なんと相手もビールを仕込んでいて、結局はお互いのビールを持ち寄って品評会になったこともありました。

古代のエジプトでは、ビールで粉を醗酵させてパンをつくり、パンを水に浸してビールを醸したそうです。つまりビールとパンは親戚なわけで、パン屋としてはビール仕込みも勉強のひとつであったわけです。本当です。

そこで、向学の念に燃えた私は、ここでも石窯に頼ってしまいました。パンの醗酵棚で麦を発芽させ、その焙煎を石窯の遠赤外線でじっくり仕込んだのです。おかげで「パン酵房のようなビール工場」が出現しました。

自家焙煎のモルトからビールを仕込む人は稀です。せいぜいフライパンでのローストでしょう。これでは焦げ味はついても、本来の香ばしさになりません。エヘン。

密かに腕を磨いている皆さん、市販の手づくりビールキットからもう一歩、石窯と二人三脚でジャンプしましょう。

これから説明するのは、石窯で麦を焙煎して麦芽を自作するところまでです。そこから先の自家製ビールのつくり方は、専門書を参考にしてください。

①大麦（脱穀したもの）を入手する。なければ小麦でもよい。

②20度近い水に2日間浸す。水が腐らないように何度か水を替える。

③大きな板に濡れた新聞紙を敷き、そこに充分水を吸った麦粒を広げて、その上に濡れた新聞紙をかけるなどして、麦粒が湿った状態を保つ。このとき、麦粒同士が重ならないように気をつける。

④3日くらいで発芽する。芽の長さが麦の長さの1/3くらいになったら、低温の石窯に入れる。乾燥して、やがて焙煎されて褐色になってくる。焙煎が長いと焦げ臭くなるので、最初はキツネ色になったら取り出すとよい。

⑤これをふるいにかけて、ひからびた根を除く。

⑥❺をコーヒーミルやミキサーで砕く。

（須藤）

三番窯　微妙な数分

緑茶・野草茶・玄米飲料・麦茶

風に薫る若葉を一服

↓口絵参照

石窯のフルコースを堪能するなら、お茶も石窯でつくりましょう。石窯の輻射熱は葉の甘みをじんわりと引き出してくれるのです。生の葉を摘んで石窯で焙煎し、そこに熱湯を注ぐか、あるいは野草ならばちょっと煮立ててから味わいます。

つくり方は、お茶の新芽をちょっと摘んで、鉄板にのせて石窯で焙煎するだけの簡単な作業です。ただし、焙煎はタイミングが大事です。焦がしてはいけません。水気が飛んで、しんなりして、芳香が鼻に届けばよし。

見回せば、緑茶でなくとも、野草茶の材料はいくらでもあるはず。柿やビワなどの果樹の葉から道端の野草まで、あれこれお試しあれ。石窯がひと仕事すんで、まったりと熱が収まったくらいがよいでしょう。

若葉のない冬の定番は、焙煎玄米です。鉄板に広げた玄米を、数時間から一晩かけて焙煎。これを煮詰めて飲めば、おなかの底から暖かくなります。

脱穀した大麦を焙煎すれば、甘味とコクのある麦茶ができます。こちらは夏の定番ですね。

（須藤）

石窯のある風景を訪ねて 3

住宅街の真中で焼く石窯（東京都世田谷区）

東京都世田谷区のとある住宅街を分け入ると、ワンワンとけたたましく大型犬が吠えかかる。お屋敷の門を立派に守っているのだ。ご主人の笹沢英樹さんに案内されて洋風の庭に入ると、いましたいました、石窯「ポパイ」君。

この「ポパイ」君、石窯だといわれなければ、ハイカラなレンガづくりの犬小屋（いや、犬御殿）のような外見。娘さんの朋子さんが天然酵母で自家用のパンを焼いていて、「それなら石窯で」とお父さんがこだわりの日曜大工ならぬ石窯づくりに挑戦したのだ。

場所柄、モクモクと薪を燃やして煙を出すわけにはいかないので、この「ポパイ」君は炭で温かくする。一回に三、四キロの炭を使い、すぐに三五〇度くらいにはなるという。中は決して広くはないが、自家用に楽しむなら充分な感じ。内部の高さ三五センチ、奥行き八二センチ、幅四五センチ。入口部分は狭く、レンガを二段重ねて窯の扉にしている。

一九九九年の一月に完成してからも何かと手を入れて、表面を化粧レンガで飾ったり、パンの出し入れのための木のピールをつくったり、屋根をかけたりと、笹沢さん一家にかわいがられている。都会の手入れされた芝生の庭によくマッチした石窯だ。

著者略歴

須藤　章（すどう　あきら）

東京のパン屋「ルヴァン」を経て1992年に「草の実酵房」を設立。自家製酵母と国産小麦を使って石窯でパンを焼く。2000年以降、沖縄や神奈川で、自然体験や森づくり、介護などのNPOの運営に関わる。

〒199-0101　神奈川県津久井郡相模湖町与瀬2011
電子メール　youand@nifty.com

岡　佳子（おか　よしこ）

有機農産物の流通グループ「大地を守る会」を経て、1997年よりパートナーの和田裕之と共に群馬県倉渕村で有機農業を開始。翌年の冬、自宅敷地に石窯をつくり、農的生活の一環としてパンを焼く。２代目「草の実酵房」を襲名。太一《たいち》３歳、太緒《たお》０歳、二児の母。

〒370-3401　群馬県群馬郡倉渕村権田5605
電子メール　nouentao@nifty.com

＜執筆担当＞
P.32～37, P.110, P.119, P.158　岡　佳子
上記以外　須藤　章
（Part4はレシピごとに記載）

石窯のつくり方楽しみ方
おいしいアース・ライフへ

2001年２月５日第１刷発行
2014年２月10日第17刷発行

著者　須藤　章
　　　岡　佳子

発行所　一般社団法人 農山漁村文化協会
郵便番号　107-8668　東京都港区赤坂７丁目６番１号
電話　03(3585)1141(営業)　03(3585)1147(編集)
FAX　03(3589)1387　郵便振替　00120-3-144478
URL　http://www.ruralnet.or.jp/

ISBN978-4-540-00137-6
制作／㈲編集室りっか
　　　高木美穂デザイン事務所
印刷／㈱東京印書館
製本／笠原製本㈱

定価はカバーに表示

天然酵母で国産小麦パン
矢野さき子著　日本の大地で育った小麦の豊かな風味を生かす天然酵母パン60余種の作り方をカラーで紹介。●1200円+税

わが家でつくる合鴨料理
全国合鴨水稲会編　合鴨農家秘伝のヘルシーな合鴨肉と卵の料理60品。肉と卵の入手先リスト付き。●1429円+税

趣味の酒つくり
笹野好太郎著　家庭で楽しむ酒造りを網羅。蜂蜜酒、ワイン・ビール・ウイスキー、濁酒・清酒・焼酎まで。●1267円+税

四季の田舎料理　秋冬編
松永モモ江著　秋はキノコ・木の実・昆虫、冬は根菜・そば・野草など、野山のシンプルな旬料理110余種。●1524円+税

キノコ狩り必勝法
矢萩禮美子・矢萩信夫著　季節別、樹種別に狙い目キノコ95種、毒キノコ30種をカラーで紹介し採取のコツ大公開。●1667円+税

30坪の自給菜園
中島康甫著　緩効性肥料とボカシ肥で追肥なし、苗はセルトレイ育苗、被覆資材で無農薬など家庭菜園新技術。●1429円+税

寒地の自給菜園12ヵ月
細井千重子著　寒地でも年間切らさず、3aの菜園で百品を自給する主婦の実践。月別作業、野菜別ポイントも。●1714円+税

週末の手植え稲つくり
横田不二子著　週末「通い」の無農薬稲つくり入門書。レンゲ・不耕起・無代かきなど新しい栽培法も紹介。●1429円+税

木酢・炭で減農薬
岸本定吉監修　減農薬、高品質の期待の資材。市販品の選び方、自分で作る法、使い方まで一冊にまとめた。●1362円+税

カントリーガーデン入門
能勢健吉・文、寺下翠・絵　地域全体を花園にする日本風土にあった多年草主体の花壇の植栽法と草花選択。●2762円+税